子どもたちをどう理解するか。

教師も楽になる新しい見方

金大竜
Kim Dae Ryong

東洋館出版社

子どもたちを
どう理解するか。

教師も楽になる新しい見方

はじめに

教員になり、今、19年目を迎えました。僕は、最初の10年、それからの5年、そして、そこからの4年で大きく考え方が変わりました。

最初の10年、僕は一生懸命でした。24時間、365日、子どものことを愛さなければいけないと思っていたし、良い方向に子どもを変えなきゃと考えていました。教師は常に子どもの手本にならなきゃいけないと思っていたし、僕の指導に素直な子は良い子だと感じていました。しかし、それによって表面上は従順ながらも、その子らしさを発揮できない教室になり、子どもの本来持っている力を潰していました。世の中から評価され、有頂天になった僕は、子どもをたくさん傷つける中で「教育ってなんなんだろう？」と考えるようになっていきました。今思うと、不安が自分をそうさせていたことがわかります。当時の僕は自分のやっていることは正解だと思わずには、子どもの前に立てなかったのでした。

次の5年は、様々な概念を本当かどうか考えるようになりました。自分の考え方も、自分の判断も、「本当にこれで良いのか？」と自問自答することが多くなりました。「僕は子どもを愛しているのか？」「この指導は子どもの力を育めているのか？」「壊してはいないだろうか？」

そんなことを考えたり、たくさんの人と出会ったりする中で、教師というのはどんな仕事なのだろうか、どんな役割があるのだろうかと考えるようになりました。

教育に絶対的な正解はなく、自分自身と目の前の子どもとの関係性や、取り巻く環境によって正解が変わること、その正解も時間が経てば正解じゃなくなることも知るようになりました。

そして、16年目に僕はＢＰＭという学問に出会いました。この学問によって、これまでとは違い、子どもがどのようなニーズをもって生きているのか、本当は他者からのどういう言動を欲しているのかが随分とわかるようになりました。そのことによって、僕は大きな安心を得ることができました。

子どもの言動から、その子にどのように接すると良いのか、どのように声をかけると良いのかを教えてくれていたことがわかりました。そう、教育は、大人が自分の考えで行うものではなく、子どもから教えてもらいながら行うということがわかったのです。これは僕にとって、大きな変化でした。

そして、何より、学校教育や子育てに百点を取ることや完璧にこなすことは不可能だということ。そして、全ての子どもにとって良い先生であることは不可能であることが身をもってわかりました。これは、一見、可能性が縮まる話のようですが、これらを認めたときから大きく僕そのもののあり方、考え方、教室での振る舞い、子どもへの言葉がけが変わっていきました。

この本では、この学問に出会ってからの僕の教師観や児童観をエピソードも交えながらお伝えしていきます。

目次

第一章　教師の視点

第二章　子どもを理解する

第一章

教師の視点

BPM

教師の視点「原因と結果の三角」

まず、ＢＰＭとは何か。それを理解すれば、人のとる様々な行動の意味がわかります。教室にいる子どもたちは、自分がなぜその言動をとるのか、自分でわかっていないことがほとんどです。そこで、その行動や言葉の理由やその本質がわかるようになることで、子育てにたくさんの答えをもてる自分になります。そうして、その子に今、必要な言葉をかけてあげられるなら、それはその子にとって、大きな一言になっていくことはもちろん、あなたとの関係を良いものにしていくことは想像に難くありません。

さて皆さんは、今、どんな姿勢でこの本を読んでいますか。なぜ、その手の位置で、なぜ、その足の位置なのでしょうか。そんなことを聞かれても多くの人は「無意識だ」と答えるでしょう。

僕は様々なところで講演をしますが、その際、首が取れるんじゃないかと思うくらい何度もうなずく方がいます。その人は、なぜ、うなずくのでしょうか。これも「無意識だ」と答える人が多いです。

人間は意識して行動すること、無意識で行動すること、合わせて1日に約6万回も思考していると言われています。その6万回の思考は脳で電気信号（インパルス信号）に変わり、身体に出るのです。あなたもその信号のおかげで本を読むことができ、今、その姿勢をとることができています。ＢＰＭでは、この身体を動かした電気信号を出したもとにある思考がわかります。

人も細胞の集まりでできています。それらの細胞一つだけ取り出せば単細胞ということになります。単細胞、例えば、アメーバーはタンパク質に電流が流れているだけの生き物です。そうして、形を変えたり、動いたりすることができます。こうして考えれば、人間も同じ構造でタンパク質に電流が流れている生き物です。この電流が先ほど書いたインパルス信号なのです。

これは、PPMという医学がベースになっています。

あらゆる人の思考は、脳のニューロンのシナプスで身体に流れる電気信号に変わります。それは、身体に良い影響を与えることもありますが、残念ながら、身体を痛める、トラブルを起こす信号になることもあります。その信号がもとになり怪我や病気になるのです。

PPMではこの特定の思考をもつ人に、それに合わせた特定の言葉をかけることで、思考を変え、流れる信号を変えることで病気や怪我を改善、予防することができるのです。

例えば、「鼻血」を例に説明しましょう。子どもが鼻血を出したとき、皆さんはどのように対処し、声をかけるでしょうか。

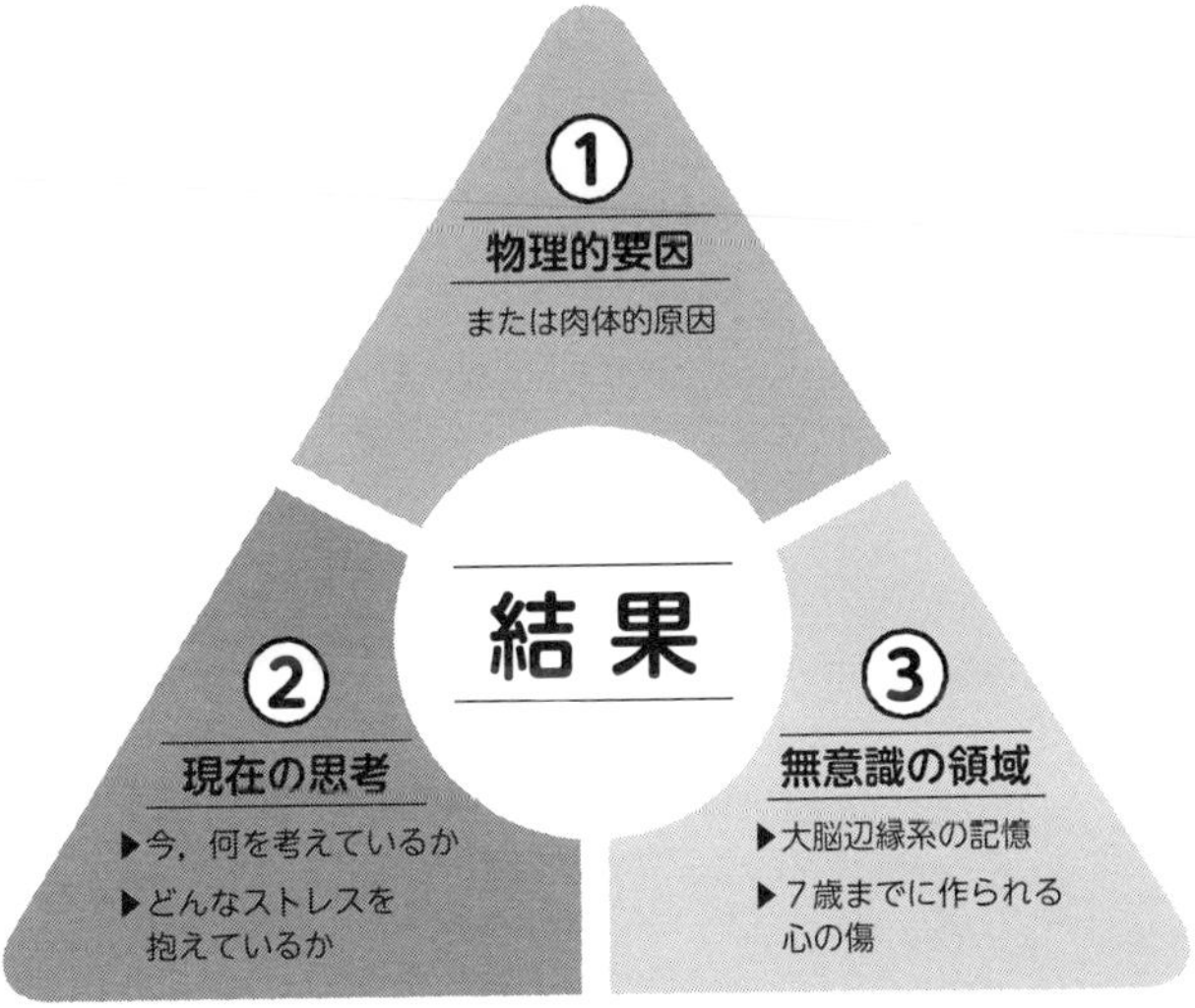

原因と結果の三角

どんな結果も①〜③の三つが重ならなければ起きません。①〜③のいずれかにアプローチされれば改善されます。また，ある結果を見れば，その原因となる①〜③がBPMではわかるので，人を見透かすことができます。どんな悩み解決も，目標達成も①にアプローチするだけでなく，②③にも合わせてアプローチするので，成功の確率が変わってきます。なんといっても，成功の３分の２の要因は②と③にあるわけです。

まず、BPMで大切な「原因と結果の三角」を理解してもらいましょう。前のページの図を見てください。物事の全ての結果が出るには、3つの原因が揃わなければいけません。僕たちは、鼻血が出るときには、鼻をぶつけた、ほじって傷をつけたという「①物理的要因（肉体的原因）」を考えます。しかし、実はそれだけでは「鼻血」という結果にはなりません。鼻血が出るのは、他の2つの原因と重ならないと出ないわけです。

鼻血が出るもう一つの原因は「②現在の思考」です。では、鼻血が出る思考は何でしょうか。それは、「目上の人に対する怒り」です。つまり、鼻血を出した子は、目上の人に対する怒りを必ずもっています。学校なら教師に対して、家ならお母さんに対してかもしれません。

さらにもう一つが「③無意識の領域」です。この三つが揃わないと「鼻血が出る」という結果にはなりません。無意識の領域というのは大きく二つで構成されています。

一つは大脳辺縁系の記憶というものです。人間の両耳の上あたりに大脳辺縁系という部分があります。ここは、人類における太古からの経験・記憶が蓄積されている部位です。例えば、足は「前に進む部位」という認識があります。鼻は「対人関係（特に目上の人）も含めた環境を感じる部位」という認識があります。血は「怒り」という認識があります。

もう一つが子どもの頃に作られる心の傷です。７歳までに経験・体験したことはその子の中に心の傷を作ります。このときの心の傷が人の人生を左右します。心の傷はどのようなものかというのは、この後の実際の子どもの事例を交えて説明していきます。

では、これがわかったとき、鼻血を出した子にどのような声がけをしますか。その子は「目上の人に対する怒り」を感じているわけです。それであれば、処置をしながらも「何かイライラしたことや嫌なことがあったの？」と声をかけるようになるのではないでしょうか。

ちなみに足にトラブルがある子は「勉強や対人関係などでうまく前に進めていない」という思考を必ずもっています。であるならば、足を怪我した子には、「どうしたの？最近、何かうまくいってないことがあるの？」と声をかけるようになっていきます。

先ほどの「よくうなずく」もそうです。「よくうなずく」という結果に至るには、三つの原因が重ならないとなりません。①の「物理的要因」というのは、人の話を聞いているということになります。②の思考は大きく二つ。一つは、自分の話がしたいというとき。もう一つは、共感を示し、拒絶されたくないというときです。では、③は何でしょうか。それは、小さいときに「拒絶された」という心の傷です。

拒絶されたという傷は、7歳までにその名の通り、身近な大人（主に両親）に拒絶されたという経験をするとできます。例えば、母親が火を使って料理をしているときに子どもが近づいてきたとします。そのとき、母親が「向こうにいって待っておいて」と言ったのなら、たとえそれがその子を守るために言っていたとしても、子どもが「拒絶された」という認識をすれば傷ができてしまいます。

この程度でできる傷ですから、基本的に誰でももっていますが、その傷を強くもっている人がいます。それは拒絶された経験が多くあったり、強烈な体験をしたりしたことが原因です。

この傷ができると、人は集団の中に入らず遠巻きにその集団を見るようになります。

集団に入って拒絶されるくらいなら、その集団に入らないことを無意識にも選択するのです。しかし、そうであっても実際に集団に入ってしまうと今度は拒絶されないために一生懸命になります。

その一つの行動が「よくうなずく」という行動になります。うなずくことを多くし、「あなたに共感していますよ」と表現し、拒絶されないようにします。ちなみに、アレルギーをもっていたり、ガンになったりする人はこの傷をもっています。

このようにＢＰＭでは、全ての結果に至る「②現在の思考」や「③無意識の領域」がわかるわけです。そうすると自然と子どもへの声がけも変わっていきます。

ここでは「鼻血」や「よくうなずく」を例に書きましたが、健康、美容、対人関係、経済面など人間がもつありとあらゆる悩みの原因がわかり、その解決策を提示することができるのがＢＰＭです。

先ほど、「人間も同じ構造でタンパク質に電流が流れている生き物です」と書きましたが、ＢＰＭは電流だけでなく、タンパク質にもアプローチします。次のページの図に

原子核　人間を構成している原子は原子核と電子から出来ている

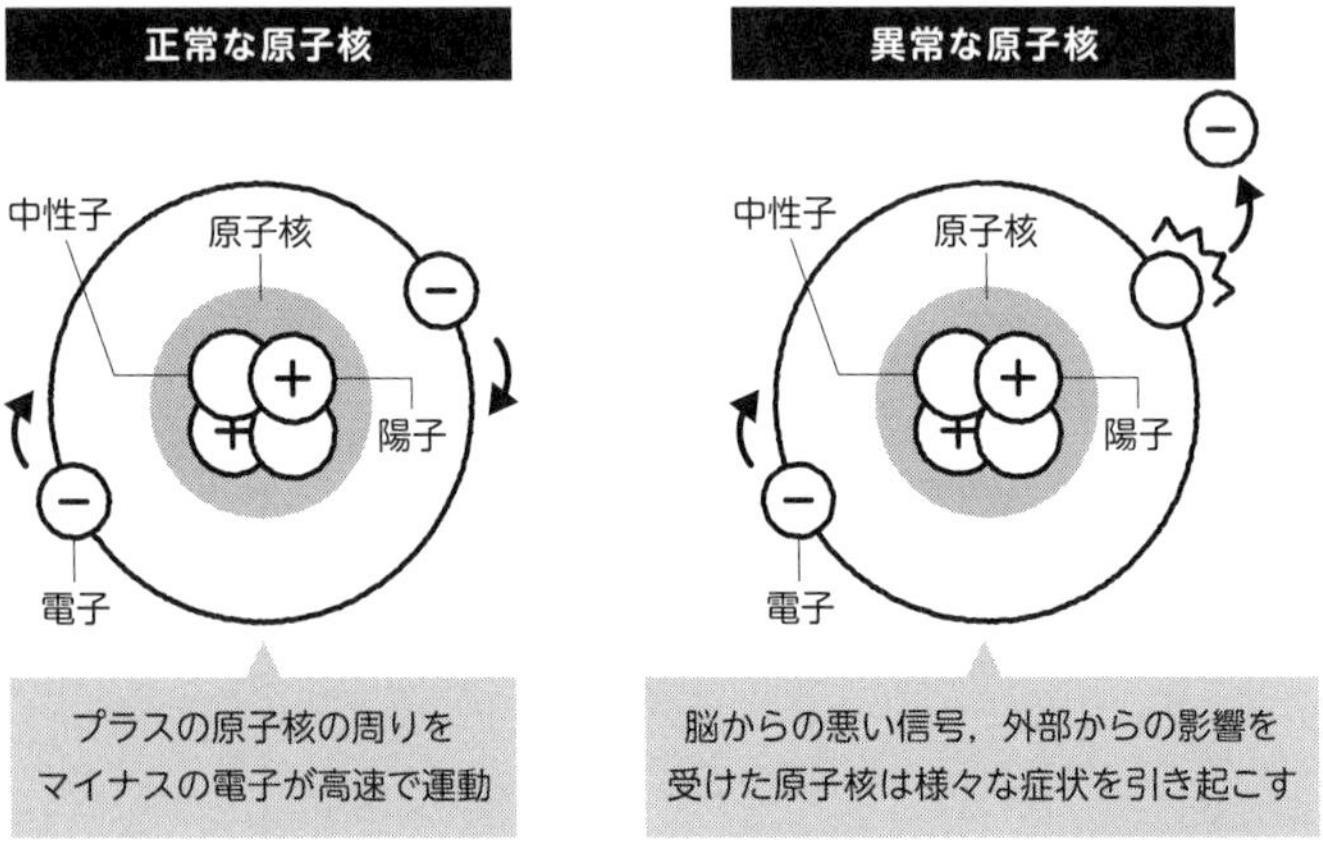

正常な原子核
中性子
原子核
陽子
電子
プラスの原子核の周りを
マイナスの電子が高速で運動
異常な原子核
中性子
原子核
陽子
電子
脳からの悪い信号，外部からの影響を
受けた原子核は様々な症状を引き起こす

図　脳の中の電気信号と原子核

あるように、人は原子の粒の集まりです。その原子一つを見ると、真ん中に原子核があり、その周りを電子がクルクルと回っています。病気になったり、不安になったりすると、周りの電子の流れが乱れます。この電子の流れに影響を与えるのが陽子と中性子です。

陽子というのは「自分の思考」のことです。先ほどの脳の中で思考が電気信号に変わり、この電子に影響を与えています。もう一つは、中性子という「外部からの影響」です。みなさんは、この服を着たら調子が良いなとか、この場所に行くと調子が良くなるといったものがあるでしょう。逆に、これを食べたらなんだかしんどくなるとか、この人に会うと不安になるというのもあるでしょう。このように、僕たちは常に周りからの影響を受けています。

ここからわかるように、子育てにおいて、親や教師がどのような状態で関わるのかが子どもにとってものすごく影響します。そのため、この本では、ＢＰＭをベースに教師がどのような思考で子どもに関わると良いのかについても言及していきたいです。

教師の視点①

教師が与える「観念」で子どもの未来が決まる

僕たちの脳はものすごくエネルギーを消費します。そのため、全ての機能を使わないで済むように脳の働きを制御していると言われています。その機能の一つがスコトーマ（心理的盲点）です。

今、あなたは自分の鼻の頭を見ようとしてみると、ほとんど見えないでしょう。しかし、鼻の頭に1本指を当てると、それは見えます。つまり、本当は鼻は見えているのですが、「必要ない」という過去の経験から見えないように処理しています。これは、視覚だけでなく、聴覚でも起きています。

教師が与える「観念」で子どもの未来が決まる

「カクテルパーティー効果」という言葉を聞いたことはあるでしょうか。ガヤガヤとしているパーティー中でも、自分の名前が遠くの方の会話で出てくると、それをキャッチできるというものです。脳はこのように自分に必要な情報と必要ではない情報を分けて、前者をキャッチできるようにしてくれています。

しかし、厄介なのは、自分に必要というのが子どもの頃に作られる心の傷や様々な観念によって、形成されることです。

先日、遠足の日に、こんなことがありました。子ども達がお弁当を食べ終わり、おやつの時間になりました。そのとき、当たり付きの駄菓子を祐一が持ってきていました。祐一がそのおやつを開けると、なんと、百円の当たりが出てきました。祐一はそれを持って大喜びでしたが、その横にいた健史は、「うわ。祐一、運使ったなあ。」と言いました。なんの悪気もなく。

「運を使ったなあ。」というこの言葉はよく耳にします。この言葉を使う人は、「運を使った後には悪いことがある」という観念をもっています。そうするとどうなるのでしょう。この人は、その後、身の回りの良いことを見えないようにして、悪いことを見るように脳がスコトーマを作るのです。

大人が子どもに与えてしまう良くない観念はとても怖いものです。大人は悪気なくしていますが、子どもに時限爆弾を仕掛けているようなものなのです。いや、むしろ、熱心が故に時限爆弾をたくさんセットしかねないわけです。

逆に良い観念は、その子が生きていく上で宝物になっていきます。これらを少し知っているだけでも、子どもの声かけは相当意識するようになりますね。

僕自身は、これを知ってから自分が行う教育という行為のメリットだけでなく、それによって子どもを傷つけたり、その子の力を奪ったりしているのではないかというデメリットも考えるようになりました。

学級目標で「いつも　明るく　元気な　○年○組」と掲げているクラスがあります。あのような目標のもと、子どもが観念を作ると、「いつも明るく、元気でいないといけない」と考えるようになります。そうすると、それができていない自分は×だと自分を威圧するようになっていきます。これは大人になったときに鬱のリスクを高めます。
学校は「いつも明るく元気にいなさい」ということを教える場所ではなく、「人間はいつも明るく元気でいられないよ。そうでないときもあるのが人間であり、この教室では、どんな状態のあなたでいても良いんだよ」と教えるのが学校の役割ではないでしょうか。

他にも、「みんな仲良くしよう」というのも同じです。これを私達大人はできているのでしょうか。こんな大人でさえできないことをどうして子どもに求めるのでしょうか。こうして、みんなと仲良くできない自分はダメなんだと悩んでいる子もいるのです。そうではなく、「全員とは仲良くなれなくても大丈夫。それで普通だよ。でも、全員と協力できる自分になっていけると良いね。」と話すくらいで良いのではないでしょうか。

子どもの観念は、二つの記憶によって作られます。

①情動的記憶
②抽象的記憶

の二つです。

①は、例えるならば、コーヒーを実際に飲んで苦かったという経験からくる記憶です。

②は、「コーヒーは子どもの体に良くないよ。」と話していた親や周りの大人を中心に作られた記憶のことです。

これらの記憶によって観念は作られるのです。何気なく親や教師が話す一言一言によって、子どもが観念を作り上げ、それに合わせてスコトーマを作るようになります。

僕は、小さい頃から少年漫画が好きでした。そこに出てくる主人公はいつもピンチになった後に、大成長を果たします。こうしたことも、自分の観念になっていきます。そうして大人になり、成長したいと考えたときに、自分の人生に必ずピンチが見えるようになり、楽な道をスコトーマとして消してしまうのです。これが観念というものです。

子どもに関わる教師は、こうして子どもの観念を、今この瞬間も作っているんだという自覚が必要です。そして、その観念はそれぞれのコンフォート・ゾーンになっていきます。

コンフォート・ゾーンというのは、それぞれが安定する場所です。つまり、「自分は平均七十点くらいだ」という観念をもっている人は、それが自分のコンフォート・ゾーンになります。そうすると一度百点を取っても、その後、悪い点数を取って平均七十点に戻そうと脳が働くのです。

子ども時代、僕たちはどんな観念を作ってきたでしょうか。子どもというのは、比較する対象もなく、身近な大人の言葉をどんどん吸収し、それらを元に未来を作っていくのです。だとしたら、あなたが目の前にしている子どもは観念によって、あなたと同じ場面を見てもキャッチするものが違ってくるわけです。その子に、一生懸命あなた目線で語っても、何も入っていっていない可能性もあるわけです。

教師の視点②

「そういうものだ」という教師が子どもをダメにする

僕には、現在4歳になる娘がいます。ある日、僕の家にお客さんがやってきました。お客さんは娘を見て、「おはよう」と言いましたが、娘はおもちゃに夢中で挨拶を返しませんでした。そこで、僕は「こういうときは、手を止めて、おはようございますって言うんだよ。」と娘に言いました。そうすると、娘は手を止めて、「おはようございます。」と言って、また、おもちゃで遊び始めました。僕は、娘に「よく言えたね。偉いね。」と褒めました。

さて、このエピソード、よくある日常の一コマですね。でも、ここに問題点が潜んでいます。何かわかるでしょうか。

それは、「あいさつの意味を娘に話していない」ということです。そして、親に言われて挨拶をした娘に「偉いね」と褒めたことです。こうして、子どもから考える機会を奪い、自分で判断する機会を奪っているわけです。そうして大人の言うことに従うことを評価し、強化しているわけです。

子どもには「何事も違う角度から見てみる」ことを覚えて欲しいです。周りの人の話すことに対してだけでなく、自分自身の判断に対してでもです。

この「何事も違う角度から見てみる」ということ、それは決して相手との関係を悪くするためでも、自分の行動を止めるためでもありません。一つのことを多面的に見て、判断できるようにするためです。

学校という場所は、実に様々なルールがあります。例えば、どの学校でも「廊下は走ってはいけない」というルールがあります。これは、本当でしょうか。そもそも、廊下を走ってはいけない理由を「危ないから」「学校のルールだから」としてないでしょうか。

先に、言いますと僕自身は学校の廊下を走っても良いと話していますし、学級通信にもそのことを書いたことが何度もあります。それはなぜか。それは、すべてのことをやはり違う角度から見て考えてほしいからです。あなたも考えてみてください。

実際、教員の多くは廊下を走っています。それなのに、なぜ子どもは廊下を走ってはいけなくて、大人は良いのでしょうか。その答えとして、「大人は状況を判断できるから」と考える人が多くいます。


では、子どもは判断できないのでしょうか。僕は、先ほど書いたように廊下は走って良いと伝えています。しかし、3ヶ所だけダメな場所があります。一つ目は、教室の出入り口付近。二つ目は、曲がり角。これらは怪我をする可能性が高い場所だからです。そして、三つ目。これが一番危険。先生の前。間違いなく注意されるからです！

だいたい教師は自分勝手に、この「廊下は走ってはいけない」を使い分けています。子どもがよく走るのは、休み時間になり運動場に向かうときです。このとき、先生は

図　1年生の視野を表す絵

「歩きなさい。」と言います。その後、遊び終われば、教室に歩いて帰っています。そうすると、先生は、「急ぎなさい！」と伝え、小走りで教室に向かっても何も言わないことがあるのではないでしょうか。

ただし、この「廊下を走って良い」という話も一度、違う角度から見る必要があります。まずは、上の絵を見てみてください。1年生の視野はこれくらいと言われています。この視野の狭さで生活しているわけです。この子たちが廊下を走っても大丈夫でしょうか。やはり危険です。

では、「視野が広がった人から走っ

ても良いことにしましょう」とするのか。それも不可能。こうして、いろんな状況を知らせて、その中でどのようにするのが良いのかを考えられるようにしてはどうでしょうか。

学校は、子どもに「なぜ、そうなんですか？」と問われると、「そういうものだ。」と言わざるを得ないルールが結構あります。

・学校には、お水かお茶しか持ってきてはいけない。
・カバンはランドセルが基本。
・シャープペンシルやボールペンは、一律、使ってはいけない。
・靴下の色や靴の色の指定がある。
・給食当番に教師は入っていない。　などなど

ここには書ききれない、もっと細かなルールまで設定されている学校もあります。もちろんそのルールが作られた経緯もあるでしょうし、全てがダメと思っているわけでもありません。ただ、子どもに「そういうものだよ」「学校のルールだよ」という指導を

すればするほど、子どもの思考する機会を奪っていくことになります。

教師や親が子どもに何かを伝えたいときに、ルールを作って従わせるのではなく、その意図を話し、子どもが判断できる機会を増やしていくと良いですし、その中で起こる失敗は、○でも×でもありません。そのプロセスで、どんな学びをしたのかを丁寧に話していくことが必要です。

結果に○か×かだけ伝えていると、子どもは、結果だけにこだわるようになり、そのプロセスにある素晴らしい気付きの数々を拾うことができない子になってしまいます。

これまでの社会は、工場のラインに並んで、黙々と言われることに逆らわずに働く担い手が必要でした。したがって、学校もそれに合わせて、子どもが育っていってくれればよかったのかもしれません。

しかし、これから先の未来はそうでないことは皆さんもご存知だと思います。先行き不透明な世の中で、自分で判断して生きていけるようになるにはどうすれば良いのか。また、その子が自分の力を学校教育に潰されることなく生きていけるようになるにはどうすれば良いのか。そこを考えなければなりません。

生き物は必ず進化しています。それであるなら、昨日生まれた子より今日生まれた子の方が種として進化しています。例えるなら、僕ら大人はブラウン管テレビです。今の子たちは4Kテレビです。そのスペックが高い子ども達の能力を最大限に活かすには、どうやったら良いのかを考えることが大切です。

与えること同様、壊さないことを考えることも大切です。良かれと思いやっていることが、子どもを伸ばすこともちろんありますが、同時に、壊していることもたくさんあります。この後に紹介する具体的な子どもの姿から、どのようにすれば子どもはそのスペックを壊すことなく、開花していくのか。一緒に考えていきましょう。

与えることと同様、子どもの良さを壊さないことも大事。

教師の視点③

教師も子どもも簡単には変わらない

「この世界に生まれてきてよかった。」このことを小学校時代に子どもが自分の中にもつことができたなら、僕は小学校で学ぶことはおおかた学べたといっても良いと考えています。自分が生まれてきて、愛されて歓迎されていることを感じることができた子は、どこにいっても愛を感じ、歓迎されているという観念で生きていくことができるからです。

しかし、学校という場所は基本的に、子どもに変化をたくさん求める場所です。ありのままの自分を受け止めてもらえるのではなく、学校文化に適応することを求められます。

一つのことができると次の何かが提示され、常に向上している自分こそが素晴らしいという認識を与えられます。酷い場合は、なぜ変わらないといけないのか、どのようにすれば変われるのかを教えられることなく、「そういうものだ」と言って、変化することを求められるのです。

でも、人はそんなに簡単に変わることはできません。人は潜在意識（無意識）が90％以上であり、顕在意識が10％以下であることはご存知だと思います。その潜在意識には、幼い頃から作られた心の傷や様々な観念があります。

僕ら大人も、何度も何度も自分を変えようと心がけてきたと思います。「明日こそイライラしないぞ！」「明日は叱らないでいよう」と何度も思ってきたと思います。「明日こそは！」と夜に思い、朝、これまでの子どもへの対応を反省しながら教室に入っていく…。しかし、結果また感情的に叱ってしまう。そうして、自分に×をつけ、しんどくなっていきます。

なぜ人は簡単に変われないのでしょうか。それは、「潜在意識　対　顕在意識」なら圧倒的に潜在意識が勝つからです。意識的に変わろうとしても、自分90人と自分10人が戦った結果、もともとの潜在意識が圧倒的な力で邪魔をするからです。「変わっても大丈夫なの？今まで通りで良いんじゃないの？」と語りかけてくるのです。

例えば、子どもの言動に○と×をつけすぎる人は、「ちゃんとしなきゃだめ」という心の傷をもっています。この人は幼い頃、親に「しっかりしなさい」「ちゃんとしなさい」と育てられてきた人です。

この人は、子育てや教育をしていても自分の価値観に合わせて、ちゃんとしているかどうかが気になります。子どもが自分の価値観に合わせて、ちゃんとしているかに目を光らせ、もう少しおおらかにいようとしても、つい出来ていないところに目がいってしまいます。何かの学びを得て子どもを包み込んであげようと思っても、ルールに従うことが正解だと無意識で思っているので、そんな自分をなかなか変えることができません。

こんな風に7歳までに自分に作られた心の傷によって、一生が左右されるといっても過言ではありません。大人が簡単に変われないように、子どもも自分の無意識にある心の傷や観念によって変わることは難しいですし、ここまで読んでおわかりのように教師と見えているもの、聞こえているものも違うことを理解する必要があります。

こうしたことの理解がないまま、大人が子どもと接すると、子どもは傷つき、自分にたくさんの×をつけているのではないでしょうか。そうして、心に傷を作ることにつながります。親や教師の期待が子どもの観念になっていることもしばしばあります。

僕は、子どものいわゆる「欠点」は変わることはないと話しています。大人もそうです。その部分は一生変わりません。変えられません。だから、「ファーストジャッジ」と「セカンドジャッジ」を意識すれば良いと話しています。

次のページの絵を見ながら考えて欲しいのですが、例えば、イライラしやすい人は一生イライラしやすいわけです。僕らは、そこを直そうとしますが、その人はイライラ畑

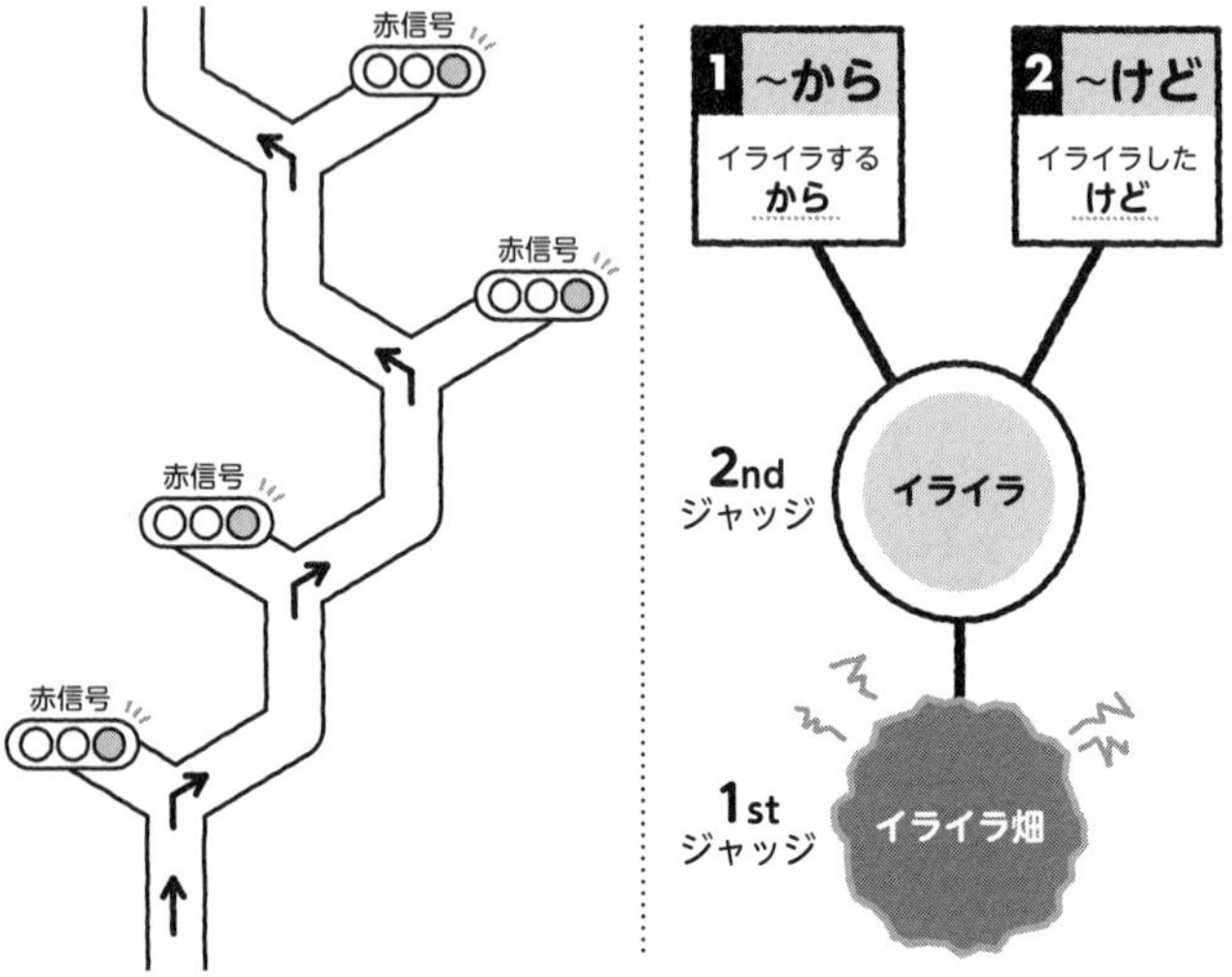

図　畑と分かれ道

出身なので、一生直ることはありません。僕らは、「ここは欠点だから直さなきゃいけない！」となるけれども、直ることはありません。だから、このファーストジャッジのイライラする自分というのを受け止めてあげる必要があります。「受け入れる」のではなく、「受け止める」のです。受け止めて眺めます。そして、セカンドジャッジに入れば良いのです。

①「イライラするから、このイライラを発散しよう。または、我慢しよう」とするのか、②「イライラしたけど、この感情はいらないな。変わりにこう

してみよう」とするのか。こうして、セカンドジャッジで考えてみれば良いのです。イライラしている自分を、「まあ、こう感じやすい育ちだからなあ」と受け止めながら、①にするか、②にするのかを考えて判断すると良いと子ども達にも話しています。

あなたが仮に暗い1本道を歩いていたとします。その時に道が二手に分かれました。左の道の先がぼんやりと明るいので、あなたはそちらの道を進んでいきました。何度も何度も、そうして明るい道を選んでいきました。なんだかうまくいかないけれど、明るい方向、明るい方向に向かって歩いていきました。しかし、あるとき、その明かりは赤信号だったと気付いたわけです。そうすれば、分かれ道の度に、あなたは赤信号の方ではない道を選べるようになります。

その赤信号こそ、親や身近な大人からあなた自身がもらった心の傷なのです。であるなら、ファーストジャッジの赤信号を感じることも、その後、セカンドジャッジで違う道を選べることも、全てはこの傷のおかげなのです。

だから、心の傷は直すことに一生懸命になるのではなく、生きていくときの道しるべとして利用すれば良いのです。そうして、欠点を欠点として見るのではなく、どうすれば武器に見られるようになるのかを子ども達に伝えることが大切で、そのことがありのままの自分を愛することにもつながっていくのです。

こうして見ると、教師も親も簡単に変われないことに自覚的になれるのではないでしょうか。そうして、自分自身が変われないという自覚をもって、子どもと接することで子どもは変わらなくて普通で、変わることがあればそれはもう奇跡なんだと感じられるようになっていきます。

変わることを求めるばかりではなく、変われないことへの共感を示してあげるだけで、子ども達は安心し、だからこそ、新しいことへの挑戦ができるのです。

子どもの苦手なところを変えようと一生懸命になってはいけません。人は得意なところを伸ばすことによって、別の能力まで派生して成長、発展していくのです。長所を伸ばす中で、短所は薄れていくものですから。

短所を指摘され続けると、子どもはイライラします。このイライラも見方を変えてみると、本当の子どもの想いが見えてきます。イライラしている子は、教師や親の想いに答えようと一生懸命だからこそ、苦手なことに向き合い続け、それが達成できない自分にイライラしてしまうわけです。

そうして思いやりのある子が苦しんでいるのに、大人は「なぜできないの？」などとまたその子を追い込んで苦しめてしまいます。

すぐに変えようとする学校。すぐに変えようとする家庭。その中で子ども達の意欲や才能は潰されていきます。

すぐには変わらないから、それも含めて楽しんでいく。そして、長所から全てが伸びていくということを自覚し、子どもや自分と向き合っていきましょう。

教師の視点④

なぜ、あの子はあの行動をするのか？

いきなりですが、皆さんにしてほしいことがあります。明日、最初に会った人に次の言葉を言ってください。

「死ね！」

「お前なんか、どっかいけ！」

どうでしょう、言えますか？多くの人はできないですね。もちろん僕はできません。なぜでしょうか。それは、僕らにとってメリットがなく、デメリットが大きいからで

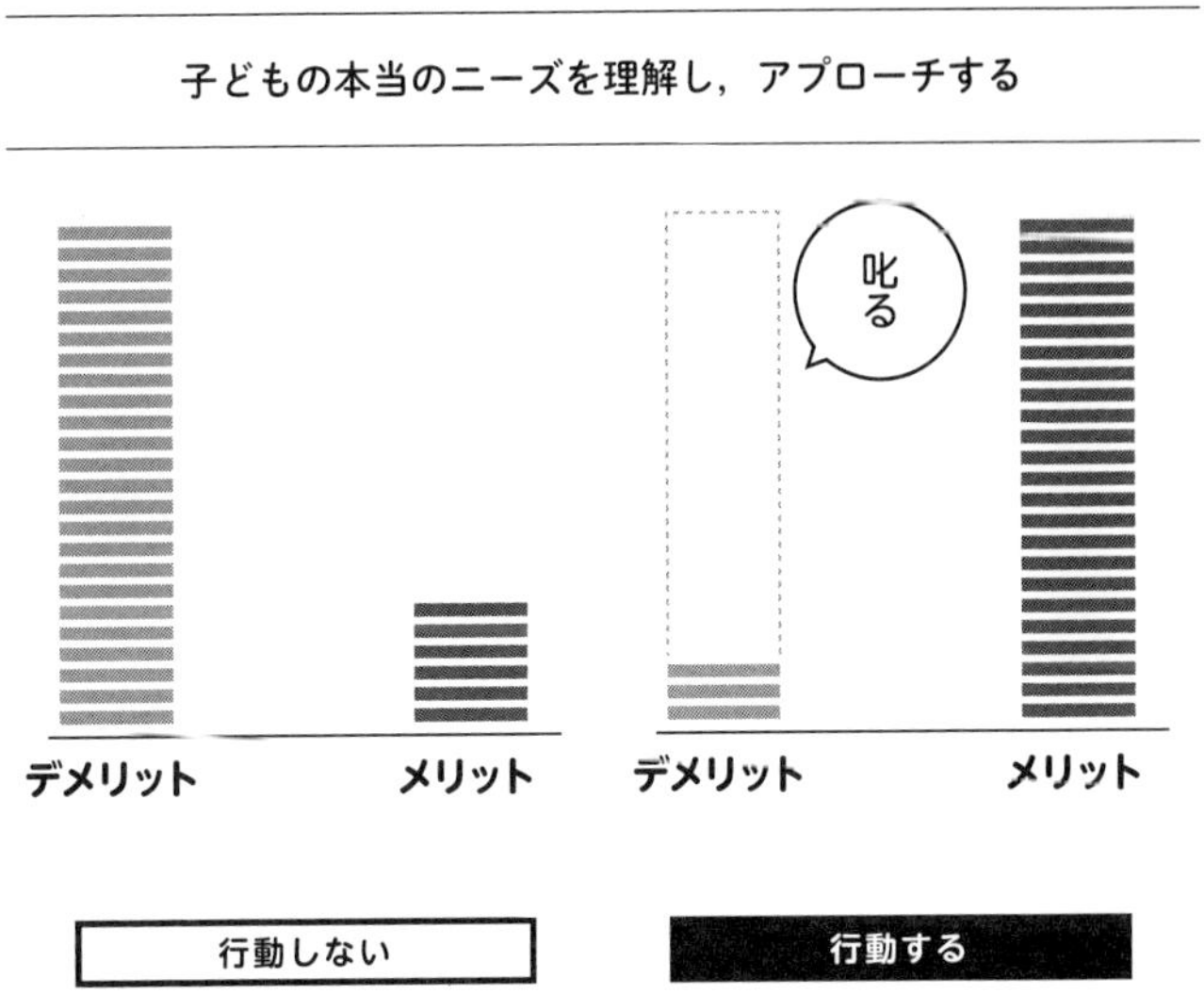
子どもの本当のニーズを理解し，アプローチする
叱る
デメリット
メリット
デメリット
メリット
行動しない
行動する

図　メリット　デメリットの図

す。

でも、クラスにいる「あの子」はそのセリフを言うのです。僕らがやらないことを、平気でやるのです。何も引っかかりのないように平気にできるのです。それはなぜでしょうか。

それは、イメージしにくいかもしれませんが、「あの子」は、その行動にデメリットより、メリットを感じているからです。上の図のように全ての行動はメリットがあるから行い、デメリットが大きければやりません。

「問題行動にメリットを感じるなんておかしいでしょ？」と思うでしょう。でも、問題行動の全てはその子にとっての大きなメッセージです。そういう意識で見れば、見えるものが確実に変わってきます。まずは、このエピソードを読んでみてください。

ある年の4月8日、始業式の日。僕が担任する教室に入ると武史はロッカーの上に乗っていました。武史は、その前の年までほとんど教室に入ることができませんでした。入ったとしても、担任の先生に悪態をつき、教室離脱ばかりでした。

ロッカーの上に乗っているのを見ると、一般的には「降りましょう。」と声をかけます。しかし、それで降りるなら、最初から登りません。この行動が良くないということくらいは、彼もわかってやっています。それなのに登るわけです。彼なりに何かメリットがあります。人が高い所に登りたくなる思考があります。それは、「この場所が不安で見渡せる場所にいたい」というものです。ということは、彼は、教室という環境が不安なわけです。

その不安を表現している行動を、教師の価値観で×と判断し、注意しても、次の日に彼は教室に入れなくなってしまう可能性が非常に高いです。ですから、僕は、「武史、教室は不安だらけやろ。そうするとみんなを見渡せる場所に行きたくなるね。その気持ちはわかるよ。でもさ、先生はいつか武史がロッカーから降りてきて、一緒に学び始めることを楽しみにしてるよ。」と言い、彼の身体に少し触れました。もちろん、この言動だけが全てではありませんが、この次の日から彼は椅子に座って授業を受け始めました。

ちなみにこうして声をかけると、「他の子が真似をしないか心配だ」「示しがつかない」「学級のルールが無茶苦茶になる」と思われる方もいることでしょう。でも、それは本当にそうなのでしょうか。

僕は全く思いません。ここで、高圧的に武史を叱ることとこそ、武史本人にも、他の子にも示しがつきませんし、悪影響になるのです。

クラスの子はみんな、担任の先生がどのように声をかけるのかに注目しています。そのときに叱ると、他の子ども達もそうした問題行動を×と判断し、注意し始めます。ギスギスした教室のスタートです。

僕は、このとき、「ところでみんな、武史はロッカーの上に登るのは楽しくてやっていると思う？それとも、苦しくてやっていると思う？」と尋ねました。すると、ほとんどの子は「苦しくてやっている」という方に挙手しました。

そこで、「先生もそう思う。だから、武史が余計に苦しまないように、武史にとっても、みんなにとっても居心地の良い教室をみんなで作ろうね。」と話しました。そんな風に話すと、どの子も「武史だけなんで良いの？」とはなりません。それどころか、「どうすると良いのかな？」と考え、行動し始める子が多く出てきます。

このように表面の行動に×をつけて、子どもがなぜその行動をとるのかを考えないのなら、子どもに寄り添うことも、子どもに安心感を与えることもできません。つまり、その教室で子ども自らが変わってみようと思うことはありません。

しばらくして、武史が初めて挙手をし、黒板の前に出てきて、算数の答えを発表する機会がありました。その時、彼は上手に発表をしていたのですが、なぜか、左足を何度も床に打ち付けながら、ドンドンとしていました。

後にある原因と結果の三角をご覧ください。ＢＰＭでは、足に何かしらのトラブルが起きているときは、うまく前に進めていない思考があると考えます。左足は、この場面では自分自身が学んでいる内容に対してであり、大きな音を立てるのは、周りも自分も威圧したい思考と考えます。

まとめると、現状の教室での学びに対し、十分に学びきれていないと感じていて、自分はもっとできるはずなのにと自分も周りも威圧している思考があるということがわかります。

さらに、無意識の領域にある心の傷から、彼がここまでになるには、親が彼に対して厳しく、そしてコントロールが強いこともわかります。

ですから、僕はこんな風に声をかけました。

「すごい上手に発表したね。それは素晴らしい。この短期間でよくここまでできるようになったなあ。ここまでできたのは、いろんな友達が声をかけてくれて、武史自身が変わろうと取り組んできたからやなあ。でもさあ、先生が本当に嬉しいのは、武史がみんなと学んでいる、この教室にいることやで。だからさ、あんまり根詰めんときや。武

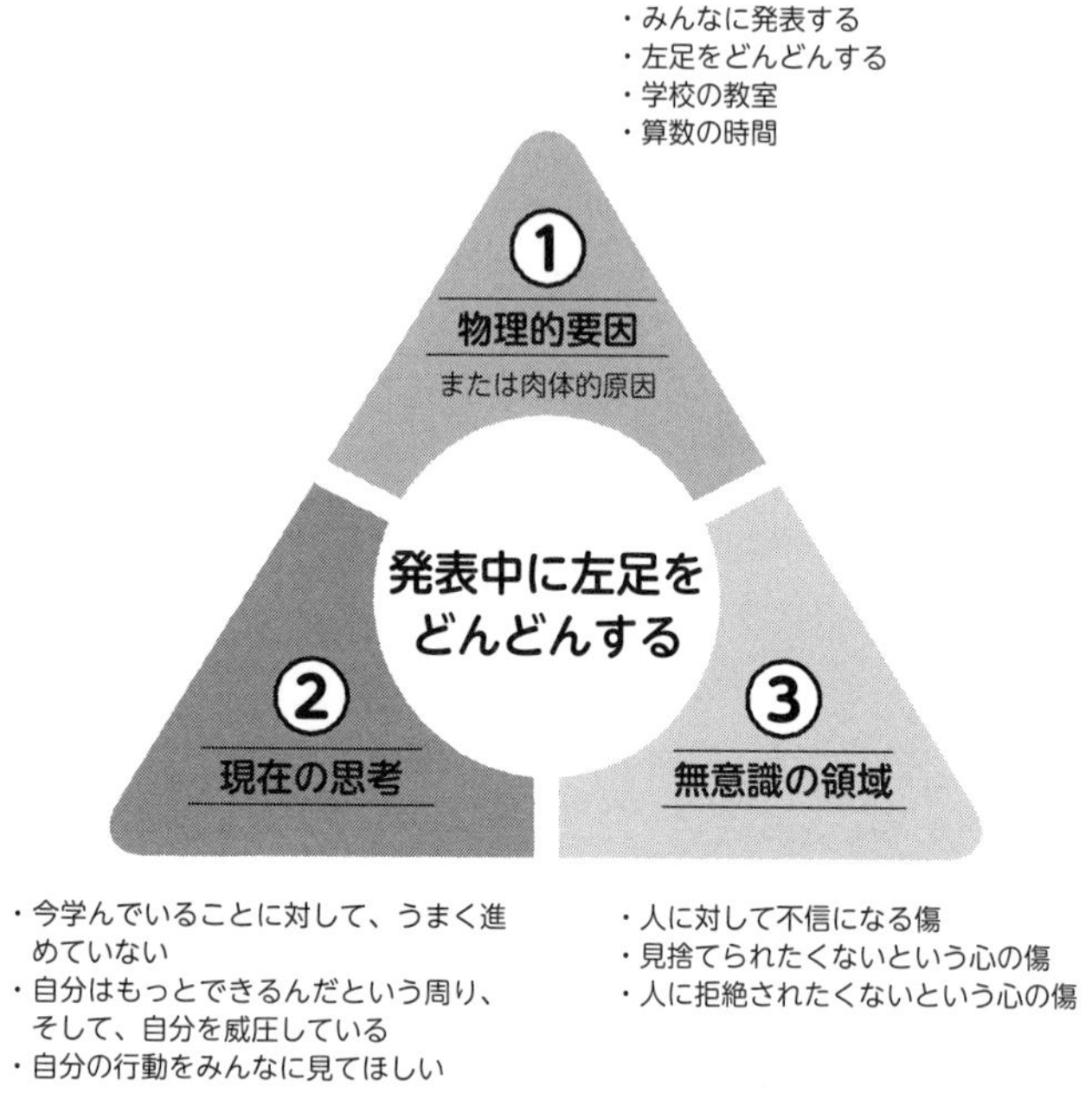
・みんなに発表する
・左足をどんどんする
・学校の教室
・算数の時間
①
物理的要因
または肉体的原因
発表中に左足をどんどんする
②
現在の思考
③
無意識の領域
・今学んでいることに対して、うまく進めていない
・自分はもっとできるんだという周り、そして、自分を威圧している
・自分の行動をみんなに見てほしい
・人に対して不信になる傷
・見捨てられたくないという心の傷
・人に拒絶されたくないという心の傷

②現在の思考でこうしたことを考えていることがわかれば、ただ発表したことを褒めるのはプレッシャーをかけ、逆効果になってしまう。
焦らなくても、変わらなくても、うまくできなくても武史は素敵なんだということを日常から伝えることができる。

図　武史の三角

史の中にものすごい力を秘めてるのも感じてるし、どうせ、その力は開花されるからな。」

人に対して不信になる心の傷をもっていると、基本的に周りに対しても、新しい学びや価値観に対しても、何より自分自身や自分の未来についても不信になります。そのため、せめて一番自分が安心できる位置、つまり、自分に周りの価値観などもコントロールして近づけ、安心しようとするのです。

だから、武史の未来を信じ、寄り添う姿勢を見せたり、言葉をかけたりしていくことを意識しました。

そうすることで武史の友達へのコントロールやわがままな振る舞いも少なくなっていき、より彼もクラスメイトも教室での生活がしやすくなっていきました。一つの行動から、なぜ、それをするのかを理解し、そこに共感して安心を与えながら、進むべき道を示してあげられたら子どもは大きく変容するものです。

大人は子どもが問題行動をしたときに、高圧的に叱ることがあります。そうすると、子どもはメリットがあるからやっていた問題行動に対し、叱られて怖いというデメリットを大きく感じるようになり、その問題行動を止めます。しかし、これは表面に問題行動が出なくなっただけで、子どもの苦しみや理解して欲しいことに対しては何も解決されていません。

もしかすると、その先生は自分で指導力があると思っているかもしれませんが、子どもの中には「理解してもらえなかった」「強制的にさせられた」「怖いから従った」と遺恨を残すことになります。これは、僕自身の自戒の念も込めて書きました。子どもに対し高圧的にコントロールすることは、子どもを壊す可能性の高い言動だと意識的になりましょう。

やはり、「なぜ、その行動をするのかな?」と子どもの言動を常に考える必要があります。その想いに触れられたとき、子どもは自ら変容します。

子どもの一つひとつの行動にどのような意味があり、どのような想いが奥底にあるのか。それを考え続けられる教師でありたいです。

教師の視点④
なぜ、あの子はあの行動をするのか？

なぜ子どもがその問題行動をするのか。
常に考え，その想いに触れる。

教師の視点⑤

感情にＹＥＳ、行動にＮＯ

僕が子どもに何かを伝えるときに一番意識していることは、感情にＹＥＳ、行動にＮＯということです。

これまで僕は、自分自身のもっている価値観にいかに子どもを近づけるかに一生懸命でした。ですから、行動にＮＯだけをたくさんしてきました。

しかし、僕自身のことを振り返ると、自分のやったことを頭ごなしに否定されたとき、その後の話を冷静に聞き入れることはありませんでした。「いや、なんでいきなり否定するの。僕の思いも先に聞いてよ」となるわけです。

自分はそうなのに、子どもにはなぜか頭ごなしに叱っている自分がいます。こうした自分を何度も変えたくても、変えられなくて苦しんできました。

やはりここでも、「受け入れる」のではなく、「受け止める」ことが大事だなと感じています。

僕は、基本的には、すべて受け止めますが、すぐ受け入れることはしません。多くの人は、受け入れるか、受け入れないかをしているのではないでしょうか。

僕は、人からの言葉を受け止めます。そうして、その言葉をよく眺めます。この人はなぜこの言葉を僕に言ったんだろうということを考えます。その人が僕を思って言ったのか、それとも自分を守るために言ったのかも考えます。それから、必要な部分を、栄養になる部分を受け入れます。

すぐに受け入れると、向こうが自分の体裁を守るためだけの、僕にはなんの価値もない言葉を入れ、僕が苦しむだけになってしまいますから。

子どもはこうしたことができませんので、僕は必ず、先に子どもに共感を示します。これが感情にYESです。例えば、授業中のおしゃべり。これは、教師としては勝手なおしゃべりをやめて欲しいという願いがあります。理由は、様々です。

・授業がわからなくなるのは困ってしまう
・授業に集中して欲しい
・周りの子に迷惑がかかってしまう

などなど。

こうしてやめて欲しい理由を疑って眺めてみましょう。すると、どうでしょう。本当は、教師自身が困っているわけで、あまりその子のことを考えてなかったということも、正直あるわけです。または、良い教室を作り、良い子どもを育てて、僕が評価されたいという思いで意外と動いてるんだなあということも。

そういう意味では、僕もわがままなわけです。僕が思うように子どもに動いて欲しいだけなんだとわかります。自分の思い通りにしたい子どもに対し、自分の思い通りに動かしたい教師。そのぶつかりあいです。そうして、どちらもわがままを主張していることがわかると、相手を許せるようになります。すると、なんだかこの子に優しい気持ちになれるわけです。そうして、自分の心の中から自然と湧いてくる感情にＹＥＳなら素敵ですね。

僕らはこういうことを学ぶとどうしても頭で、テクニックとして、行動にＹＥＳを出しがちです。頭の中で感情にＹＥＳを出すのもやらないよりかは良いのですが、そうしたテクニック的なことは子どももきっと本能的に見抜いていると思います。

大事なことは、実感すること。自分だってそう大したものではない。そんな自分が自分の思いを通したくて行動してるんだ、ということを受け止めることです。そんな思いで自分が動くように、子どもだってそんな思いで動きたいよなって感じることです。

ただ、学校という場所は社会性を学ぶところでもありますから、その方向には進めていく必要もあります。そのためにも、やはり感情にＹＥＳ、行動にＮＯは大切です。

「うんうん。そうだよね。授業中であろうがなかろうが、友達と話したくなるよな。その気持ちはよくわかる。そして、自分のやりたいことって通したくなるもんなあ。授業でも人と話したいということは、あなたは人が大好きなんだね。そういう人ってね、将来、すごく世の中に重宝されるよ。だって、人と人とを繋げていける人になるからね。そこでそんなあなたにもう一つ上のレベルをお願いしたい。それはね、自分の行動がどう他の子のプラスにつながるか考えてみて。同じお話しする力を授業で『先生、そこわかりません。』とか『先生、それってこういうことですか?』とか、先生のギャグに突っ込むとか。そうしてくれると先生も嬉しいな。よろしく。」

行動にNOというのは、正面切って、NOを伝えることではありません。こちらの思いも伝えながら、その子が前向きにそれに取り組んでみようと行動を変化させたくなるようなNOです。そういう風に声がけをしようと考えるだけでも子どもとの関係は変わっていきます。

こうしたこともすぐにできなくても、意識することです。まずは、「感情にYES、行動にNO」。この順序だけでも意識すると良いですね。

教師の視点⑤
感情に YES、行動に NO

教室は感情がぶつかりあうところ。
だからこそ「感情には Yes」。

教師の視点⑥

人の教育実践は真似てもうまくいかない⁉

僕は、これまでいろんな人にいろんなアドバイスをしてきました。また、自分がもらうこともたくさんありました。それらがうまくいくときもあれば、うまくいかないこともありました。そして、僕を染めるように、僕に干渉するようにアドバイスをしてくれる人もいました。特に、それは自分が悩んでいるときに多くありました。

「アドバイスしてくれてもうまくいかないことが多いのはなぜかな？」「人の話してくれるアドバイスはどんな風に聞いたら良いのかな？」と色々と考えていましたが、原因と結果の三角から考えれば実にスッキリしました。

まず、人のアドバイス通りにならないのは、原因と結果の三角の「①物理的要因」ばかりを真似するからです。この本の中でこれまで何度も、結果が起きるには、①〜③の原因が重ならないとならないと書きました。そのどれかがかけても、同じ結果は生まれることはありません。

これは同じ料理レシピを見て作っても、味が同じにならないことのように、その実践をする人が子どもに対してどんな思いで、無意識にどんな観念をもっているのかで結果は変わってくるからです。

しかし、多くのアドバイスは「①物理的要因」、つまり、やり方ばかりなのです。それは結果を出すための33％に過ぎないのに、それが全てのように話されていることもあり、聞き手も受け止めてしまいます。「②現在の思考」と「③無意識の領域」は教えてもらえないので、そのまま実践してしまうため、違った結果が出るのです。

アドバイスをしてくれた人と同じ結果を出したいのであれば、その人が何を考え、どんな思いでその実践を考えたのか。普段、子どもに対してどのような心で接しているのかまで真似ていく必要があるのです。そこに結果を出す67％があるからです。

正直、僕はこれまでこのことが理解できず、無責任なアドバイスをし、仲間を苦しめた経験がたくさんあります。そのときは、ただただ熱心だったので、自分の真似をしたらうまくいくと傲慢になっていました。そうすると、気の良い素直な仲間から潰れていったのです。その自戒の念があります。

熱心が故に大切な人まで潰してしまうことがあるのです。子どもにも仲間にもそうしたことを意識し、アドバイスしないといけないのです。

ＢＰＭを知り、人のアドバイスを聞くときも意識していることが変わりました。以前、僕は自分にしてくれるアドバイスは素直に取り入れていました。しかし、今は違います。僕はその人がどの思考で僕にアドバイスをしてくれているのかをよく観察しています。

多くの人は、新しい取り組みをするときに、「大丈夫?」と聞いてきます。この「大丈夫?」という言葉が人のやる気や変化、成長を邪魔することがあります。

先輩方のありがたい忠告は聞くのですが、その一方で、「あなたのいうことをそのまま受け入れたら、あなたと同じになってしまう」と心の中で思うこともあります。そんなときは、受け止めて栄養になる部分はもらいますが、全てを受け入れることはまずありません。

どんな人の話を聞くときも、どんな本を読むときも、「①物理的要因」のところだけでなく、ぜひ、「②現在の思考」や「③無意識の領域」を意識してみてください。これまでと違った結果があなたに表れることは間違いありません。

教師の視点⑦

子どもが本当に欲しいものを知る

赤ちゃんは生まれたときに精一杯泣きます。自分がここにいるぞと言わんばかりに一生懸命に泣きます。それは、周りの人に認識を置きたいからと言われています。それは、いくつになっても変わりません。人は誰かの中に自分という存在を認識して欲しいのです。認識して欲しいということは、つまり、愛の中にいたい、歓迎されたいということでもあります。

僕たちは、赤ちゃんとして誕生したとき、基本的にはありのままの自分を愛されていて、歓迎されています。しかし、しばらくたち親を含めた周りの人によって、無視され

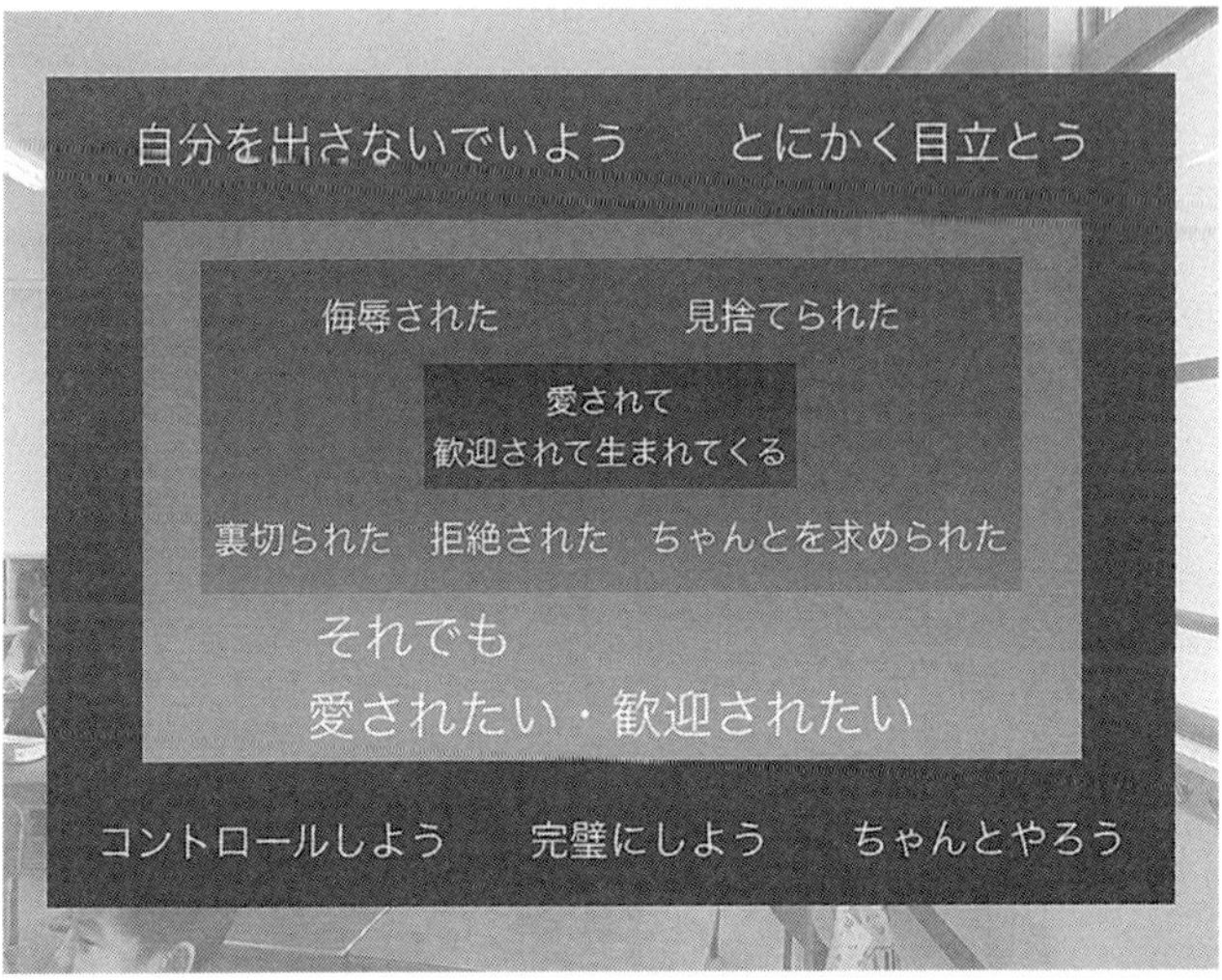
自分を出さないでいよう　とにかく目立とう
侮辱された　見捨てられた
愛されて
歓迎されて生まれてくる
裏切られた　拒絶された　ちゃんとを求められた
それでも
愛されたい・歓迎されたい
コントロールしよう　完璧にしよう　ちゃんとやろう

る危機を経験したり、歓迎されない危機を経験したりします。

例えば、初めて幼稚園や保育園に行った日を想像してみてください。急に知らない大人に預けられ、お遊戯をする。おやつを与えられ、昼寝をさせられ、慣れた頃に親が迎えに来る。安心していると、次の日も連れていかれる。子どもは、最初、親に捨てられた、裏切られたと感じても不思議ではありません。

初めて、弟、妹が家にやってきたときも、今まで全て自分に注いでいた愛情が分散されるだけでなく、下の子を見ているとき、親は自分を見てくれないという経験をします。

こうした経験を経て段々とありのままではいられずに、無意識の領域に心の傷という毛布をまとって、自分を演じ始めるようになります。

ある子は、ちゃんとしっかりすれば親が見てくれることを知り演じ始めます。

ある子は、可愛らしく喋ったりすれば親が見てくれることを知り演じ始めます。

ある子は、問題行動を起こしたときに親が普段より多く見てくれることを知り演じ始めます。

こんな風にしながら、ありのままの自分ではなく、自分自身を演じるようになっていきます。そうして、頑張ったら愛してもらえる、可愛くしていたら愛してもらえるという経験を積んでいきながら、それが表面に見える性格になっていきます。

学校での全ての問題行動や、子どもの一生懸命な行動も、同じような想いから発信されています。それは、「自分に認識を置いてほしい」「ありのままの自分を愛してほしい」ということです。子ども達は自分の認識を置いてもらうことに一生懸命なのです。

それであれば、子どもをまずは、ありのまま包んであげることが大切です。子どもがその心の傷から作り上げた言動を、まずは包み込んでみましょう。例えば、問題行動にも一緒に乗ってあげて、まずは楽しんでみる。キリの良いところで笑いに変えてあげて、そこからこちらがやりたかった活動に入ってみる。そんな風にするだけで、子どもは自分が理解してもらえた安心感から、僕たち教師を理解してくれるようになります。

ただし、僕たち教師側にも心の傷があります。ですから、子どもを包み込むことや乗っかることがすぐにうまくいかないかもしれません。そんなときは、今やっている活動の本来の目的はなんだったかを考えてみて、自分で自分を確認してみましょう。

僕たちは、本当は子どもに幸せになってほしいわけです。まさか、不幸を願っていることはありません。では、今、あなたのその行動は子どもをどちらにする行為でしょうか。この瞬間の子どもは幸せと不幸のどちらを感じているのでしょうか。

また、先ほど書いたようにすぐに変われないことに自覚的になり、セカンドジャッジを大事にしていきましょう。その際、手段が目標に変わっていないのかを見つめてあげる必要もあります。

もともとは目標達成の「手段」だったけど、それ自体が「目標」になることがあります。例えば、学力アップのために漢字を読めた方が良いということで、漢字テストをしたり、宿題を出したりします。

そうして取り組む中で、いつの間にか漢字テストでみんなが良い点を取ることに目標がすり替わったり、宿題をみんな欠かさず出すということに目標がすり替わったりします。いつの間にか、学力アップという本来の目標を忘れ、漢字テストや宿題提出が目標になって、そこだけに必死になってしまうわけです。

子育てや学校教育でもこれが起きてないでしょうか。あなたは子どもを幸せにしたいと感じ、様々なことをさせたいなと考えていると思います。

そのときに、それをしっかり、ちゃんとさせることに一生懸命になり、肝心な子どもの笑顔が失われていることはないでしょうか。そこに意識を向ければ、なんのためにこれをしているのかなと思い出し、言動に変化をもたらせます。

子どもが自主的に動くときというのは、養護的欲求と教育的欲求が満たされたときと言われています。養護的欲求というのは、認識をもってもらえたとき、つまり、愛で包まれていると感じたときです。教育的欲求というのは、なぜそれをするのか、どのようにするのか、つまり意味と方法を教えてほしいということです。

子ども自身が、自主的に動けるようになること。そのために、どんな自分も常に愛されていて、いろんな人、歓迎の中にいると感じることができれば、小・中学校での教育は完成ではないかと僕は考えています。

そして、ここからさらにもう一歩。先ほど、「僕たちは、本当は子どもに幸せになってほしいわけです」と書きましたが、これは本当かなと思っています。

少なくとも、僕は違うことがあります。よく自分を眺めてみると、子どもを自分の思い通りにしたいのは、僕自身のためにです。自分の不安を消すため、そして、自分が周りからすごい先生と思われたいからやっているのです。そんな自分がいるのです。

そんな自分の弱さや汚さを受け止めて、僕は子どもの前に立つようにしています。そうしたら、子どものいろんな問題行動も「そりゃそうだよね。僕だって、そんな綺麗じゃないんだし、あなたもそうだよね」という気持ちで子どもと向き合えるようになりました。そう考えると、こんな僕を受け入れてくれている子どもの愛を感じ、僕はこれまで以上に子どもを愛で包めるようになりました。どんな子も歓迎できるようになりました。

教師の限界を知ること・自分を労わること

教師も親も子どものことを幸せにしようと一生懸命になっている人がとても多いです。このことは本当に素晴らしいことです。僕もそうありたいなと思っている一人です。

ただ、若い頃の僕はその思いに囚われすぎて、子どものいろんなことをコントロールしたいと思うようになっていきました。

自分のクラスで出会う四十人の子ども達を、自分が思う幸せの方向に向かわせようと一生懸命だったのです。そして、そこに全ての子どもを向かわせなきゃと思っていました。しかも、それができると思っていたのです。

そう思っていた頃の自分は本当にしんどかったです。全ての子どもに好かれなきゃいけない、全ての子どもに影響力がなければいけない、全ての子どもを伸ばさなきゃいけないと思っていたからです。こうしてストレスが多くなると、様々な病気の「原因と結果の三角」が成立し、病気にもなっていきました。

そんなとき、新たな学びの中で、こんなことを考えるようになりました。無意識の領域には自分ではコントロールできない心の傷がある。ということは、僕は僕でさえコントロールできないのです。そう考えると、僕は自分の人生で自分のことすら十分に満たすことはできていませんでした。

実際、教師として働く中でも、そうした自分ができることの限界をたくさん感じる場面が増えていました。同じ学年の他のクラスが学級崩壊をすること。自分の卒業させた子が不登校になったこと。他にもたくさんあります。

ある年に受けもった3年生。その年、学校全体で行った生活チェックシートというものがありました。早寝早起きや歯磨きができたかを1週間チェックし、子どもが振り返りの感想を書いたものに、保護者がコメントを返すというものでした。そこに子どもが、「あまり眠れない。でもがんばる」と書いていました。それに対する保護者のコメントが、「夜早く眠るために、早くお風呂に入りましょう。お風呂の後、すぐに歯磨きをしましょう。電気を消した後、ずっと喋っていないですぐに寝ましょう」でした。

僕は愕然としました。学校で何か一生懸命取り組んでも、子どものベースがこれだと愛情を感じず、不安が常にあるだろうなと思うと同時に、教師という仕事の限界をここでも感じました。

他にもそうした限界を感じる場面がたくさんあります。ただ、こうして限界を感じたことが悪い方向ではなく、良い方向に働くとは思っていませんでした。自分さえ満たせない僕には、四十人もの子どもや身の回りの人を満たすことができません。

それは無理なんだとわかったときから、自分の限界を認めるようになりました。自分の限界を認めるととても楽になりました。

まず、完璧にやり遂げないといけないというものが消えました。それまでは子どもの中に、また、教室の中に常に足りていないものを見つけて、なんとかしないといけないと考えていました。きっと表情や体から発する雰囲気もどこかピリピリしていたんだと思います。

それが、限界を感じるようになってからは、7割程度で良いかと感じるようになり、常に足りていることに目が向くようになりました。教室でのイライラが減り、笑っている時間が圧倒的に増えました。そうすると、子どもがこれまで以上に楽しそうに授業を受け、発想豊かに考えるようになりました。

そして、一人でなんとかしないといけないと思っていたことが、一人ではできないとわかったので、人に頼れるようになりました。教室で起きる問題をこれまでは自分の責任だと感じ、なんとか自分で解決しようと感じていました。

でも、僕のことを全ての子どもが気にいるわけではないし、その子には、そのケースには違う先生が合う場合もあるわけです。僕の変なプライドが消えたところから、人に頼れるようになりました。

そうすると肩の力が抜け、いろんなことが上手くいくようになりました。そして、何より自分を労われるようになってきました。

このように本を読んだり、何かの講演に参加したりする方は基本的に原因と結果の三角の①物理的要因に関して、ものすごく頑張っています。その頑張る角度が少し違うだけ、また、「②現在の思考」が変われば目に見える結果が大きく変化します。

僕は、いつも考えることがあります。それは、僕は今日までいつも自分の思う最善を選択してきたということです。だから、改善はするけど、自分に×をつけるのはやめました。

僕は、若い頃、6年生を担任し、女の子の多くから無視された時期がありました。

今、振り返ると、五月にある女の子を叱ったことが原因でした。でも、そのときは叱ることが最善の方法だと選択したわけです。

今、振り返ったらああしていたらよかったということはもちろんあります。でも、あの当時の僕には、それが最善の方法でした。だから、常に自分を改善はしますが、自分を責めることはやめました。

自分を責める思考には、体のいろんな場所を痛める電気信号を体に流します。こうして、罪悪感を感じている自分を、脳は罰することでバランスをとろうとするからです。だから、子育て、教育において自分を責めてはいけません。

例えば、僕は学級崩壊をしたら、お金を稼ぐために教室に入ろうと考えています。もし、年間約600万円もらえるとすれば、一日3万円ほどもらえる計算になります。あほ、ぼけ、カスと子どもに言われても、3万円もらえるわけです。そうして、笑って教室に入ります。

これは、決してこうしたいと言っているのではなく、こうしてでも、子どもの前で笑っている方が、なんとかしようと深刻になって、罪悪感いっぱいになるよりも意味があるということが言いたいでのす。

ちなみに、僕らがイライラするのは、自分が日常我慢していることを、他の人が目の前で我慢せず行動しているのを見ることとです。つまり、自分で自分に制限をかけて抑圧するより、ニコニコして楽しんでいる方が、子どもにも良い影響を与えます。

それは、本書の冒頭で説明したところの原子核が外部からの影響を受けることからも明らかです。ぜひ、子どもにかかわる大人には、自分の限界を認め、自分を労わる思考をもって、子ども達と接して欲しいなと思います。それが子どもの心の傷を癒すことにもつながりますし、未来へのレッドカーペットを敷くことにもつながります。

教師の視点⑧
教師の限界を知ること・自分を労わること

教育において自分を責めない。
教師が笑顔でいることが子どもにとって何より大事。

教師の視点⑨

教師の経済観念

僕は子どもに「お金を稼ぐ」ことの大切さを必ず伝えるようにしています。これまで、「お金」というものに対して僕はあまり良いイメージをもっていませんでした。それは、昔からの体験・経験によって、僕のお金に関する観念がよくなかったからです。親は「お金がない」という話をしていましたし、テレビや本、映画の影響からお金持ちに対して悪いイメージをもっていました。

単純な話です。例えば、募金をするにしても、月収が十万円の自分と月収が百万円の自分、どちらの方が多く募金をするかというと、月収百万円の自分です。綺麗事ではどんなことも言えますが、何かを行うときにも、人を助けるときにも、お金があった方が救える数も幅も変わってきます。

こうしたお金の観念は、子ども達が大人になったときの「稼ぐこと」にものすごく大きな影響を与えることを知り、僕はそれであるならばと思い、小学校の段階から「稼ぐ」ということはどういうことかを子ども達に伝えようと考え、それに合わせて授業もしています。

小学校では画用紙を使ってファイルを作ることがあります。その画用紙を配るときに、僕は、「これは一枚、五円だとしよう。これをあなたが工夫して、明日までに百円のファイルにしてみましょう」という風にします。

子どもは自分の好きな絵を描く子もいれば、ファイルの教科に合わせて参考書のようなものを作る子もいます。ゲームができるような工夫をする子もいますし、ファイルに香りをつけてくる子もいます。

こうして、目の前のことに付加価値をつける活動をたくさんします。子どもに、消しゴム一個と鉛筆でゲームをいくつも考えるような取り組みもします。身の回りのものを使って、ゲームを作り、それをタブレットで撮影、編集し、YouTubeの番組風に表現することもあります。身の回りのものに付加価値をつけて、商品開発をすることもあります。

ただ、このときに必ず世の中やクラス、相手のニーズは何かを意識できるように話します。実際、自分がやりたい、作りたいものは、他の人から見向きもしてもらえないこともあります。そうして、ニーズに応えることの大切さも学べるようにしています。

僕は、子どもに、世の中には楽しいことがただそこにあるわけではなく、楽しくなるように自分で付加価値をつける必要があるという話をしています。例えば授業でも、いちいちこの授業は楽しいか、楽しくないかと批評家みたいになるのではなく、どうすれば楽しめるのかを工夫するといいねと話しています。

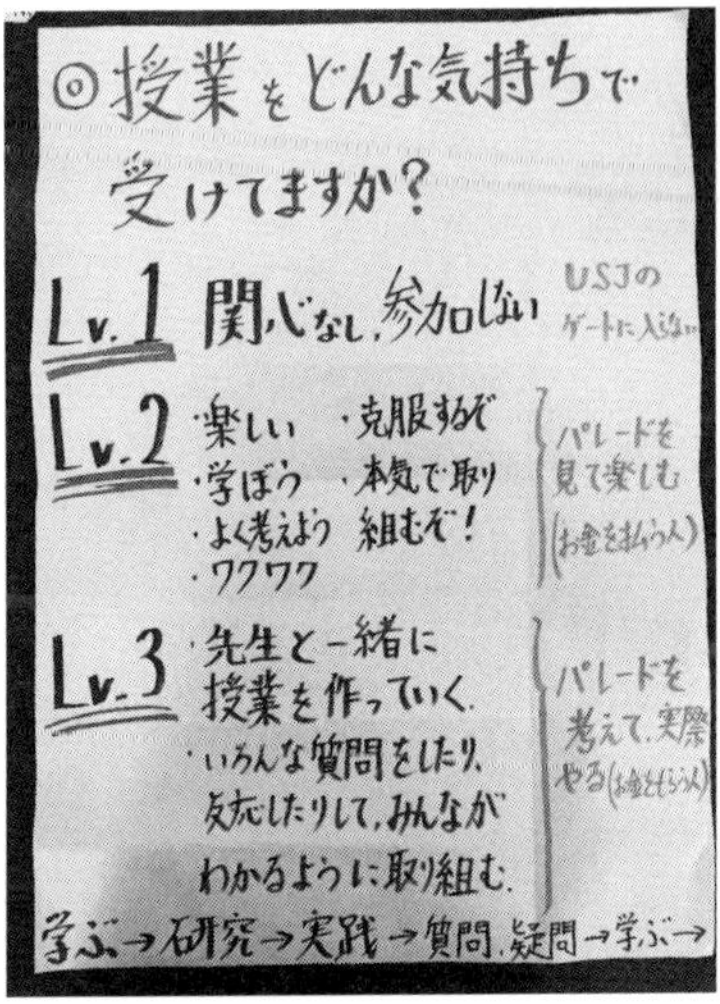
◎授業をどんな気持ちで
受けてますか？
Lv.1 関心なし、参加しない
USJの
ゲートに入らな…
Lv.2 ・楽しい ・克服するぞ
・学ぼう ・本気で取り
・よく考えよう 組むぞ！
・ワクワク
パレードを
見て楽しむ
(お金を払う人)
Lv.3 ・先生と一緒に
授業を作っていく。
・いろんな質問をしたり、
反応したりして、みんなが
わかるように取り組む。
パレードを
考えて、実際
やる(お金をもらう人)
学ぶ→研究→実践→質問、疑問→学ぶ→

図　画用紙

そして、具体的には、どのように授業に参加すると、将来の自分の「稼ぐ」というところにつながるのかも話し、教室に掲示することもあります。上にあるのがその資料です。

子どもの頃から、どうしたら稼げるのか、お金というものはどういうものかということを子どもが学び、お金に対する観念を育てていくことは大切です。

教師は子どもと関わる時間がとても長いです。その教師の経済観念は、子どもにも影響します。教師自身が自分の経済観念を見直すことも必要だと思います。
こんなゲームを近くの人としてみてください。

①ジャンケンをします。
②勝った方は今から五分話します。負けた人は財布から千円を出します。
③勝った人は五分でどんな話をしても構いませんので、負けた相手に、「千円払うから、その話の続きを聞かせて欲しい。」と言わせてください。

さて、どうだったでしょうか。実はこのゲームは話し始めが肝心です。いきなり自分の思いついた話しをしたでしょうか。それとも、相手のニーズを探ろうと質問や世間話からスタートしたでしょうか。

もしあなたが、相手のニーズを聞き出すことなく、いきなり自分の関心のあることを話し始めているとしたら、あなたは常にそのように人のニーズを無視して、自分のやりたいことを押し付けている可能性があります。それは学級経営や授業でもそうで、子どものニーズを無視して進めている可能性が高いです。

様々な取り組みは、すべて相手が欲する状態だと効果を抜群に発揮します。僕たちは常に子どものニーズを探る必要があります。

教師自身が子どものニーズにあて、子どもにとって魅力的な授業・体験をたくさんさせてあげることによって、子どもの可能性も開花していきます。

将来、経済的に困りたくないというのも大きなニーズの一つです。そこにあなたはどのように応えるのか。そんなことも考えてみてください。

教師の視点⑩

頑張りすぎる良い子が苦しんでいる

子どもの行動のメリット、デメリット。これは問題行動のときだけではありません。教師が「素晴らしい」と思っている行動も同じように、「なぜ、その子はこの行動をとるのかな?」と考えなければなりません。

教室の中には、必ず教師の期待に応えなければいけないと苦しんでいる子がいます。この子は、教師にとって良い子なのでなかなかその苦しみに気付いてもらえません。

例えば、宿題で「漢字を3回書いてきましょう」という内容にもかかわらず、4回も5回も書く子がいます。しかも、丁寧な字で。それに対して、ある先生はハナマルを与え、ある先生はそのノートをコピーして教室に掲示します。どちらもこの子を伸ばすためにとった行動ということに間違いはありません。どちらも効果があることは確かです。ここで、この先生の二つの行動が×と言っているのではありません。そして、一度や二度であればハナマルもノートの掲示も必要だと感じています。

ただ、ずっとずっと丁寧に書き続けることや回数をたくさん書き続けるのに、「なぜ、この子はこの行動を続けるのか？」「どんなメリットを感じているのか？」を教師が考えずに、とにかく素晴らしいことだとハナマルを与え続けるなら、子どもをダメにしてしまうのではないでしょうか。

なぜなら、その子は「頑張っているときの私に価値がある」と思っている可能性が高いからです。それが行き過ぎると、「頑張っていない自分に価値はない」となってしまいます。この子たちが幼くしてそうした思いをもつと、大人になってからもこの子は同じように仕事をします。

「頑張っている自分にしか価値がない」と感じる子ども達のノートにハナマルを続けていくと、大人になっても、頑張っている自分にしか価値がないと感じたり、完璧になんでもこなそうとしたり、それができないと自分を威圧してしまうようになったりしていきます。こうして、教師の無知なる熱意が未来に鬱になるリスクを高めていくなどといったように、子どもを苦しめる結果になります。

そうならないように、例えば、僕自身は漢字テストの勉強法として、いつも振り返る時間をとっています。漢字テストを終え、そのテストの結果を見ながら、僕は子ども達に「自分のやってきた練習の回数、時間、今日の結果を振り返ってどうでしたか？」と問います。

子どもの中には、さらに点数を取るために回数や時間を増やす子、他の子や教師に練習方法を聞き工夫する子もいます。その中で百点をとった子には、練習回数や時間を減らせないかと問うようにしています。五回を三回、一回で覚えるにはどうすれば良いのかを考える。そうして、練習時間が減った分だけ、他の自分の趣味に当てるように話しています。何事も意味なく頑張らせるのではなく、なぜ、これをするのかを考える機会を作る必要があります。

次のページにある、一つのノートを見てください。

このノートから、なかなか自分を崩せないでいることがわかると思います。

この子は、完璧主義になっていました。完璧主義の子は百点満点中九十五点をとっても、そのマイナス五点に目を向けて落ち込みます。この子がこのように足りない点ばかりに目を向け続けると、異様に頑張りすぎたり、やる前から無理だと逃避したりするようになってしまいます。

では、完璧主義の子がどのように作られるのかといえば、やはり周りの大人の影響です。大人の影響の一つが、子どもが生まれたときから平均点合わせに必死だということです。

これは、僕の家の話ですが、娘が1歳になった頃、離乳食を始めました。そんなある日、僕が家に帰ると妻が泣いていたのです。なぜ泣いていたのかというと、娘がごはん

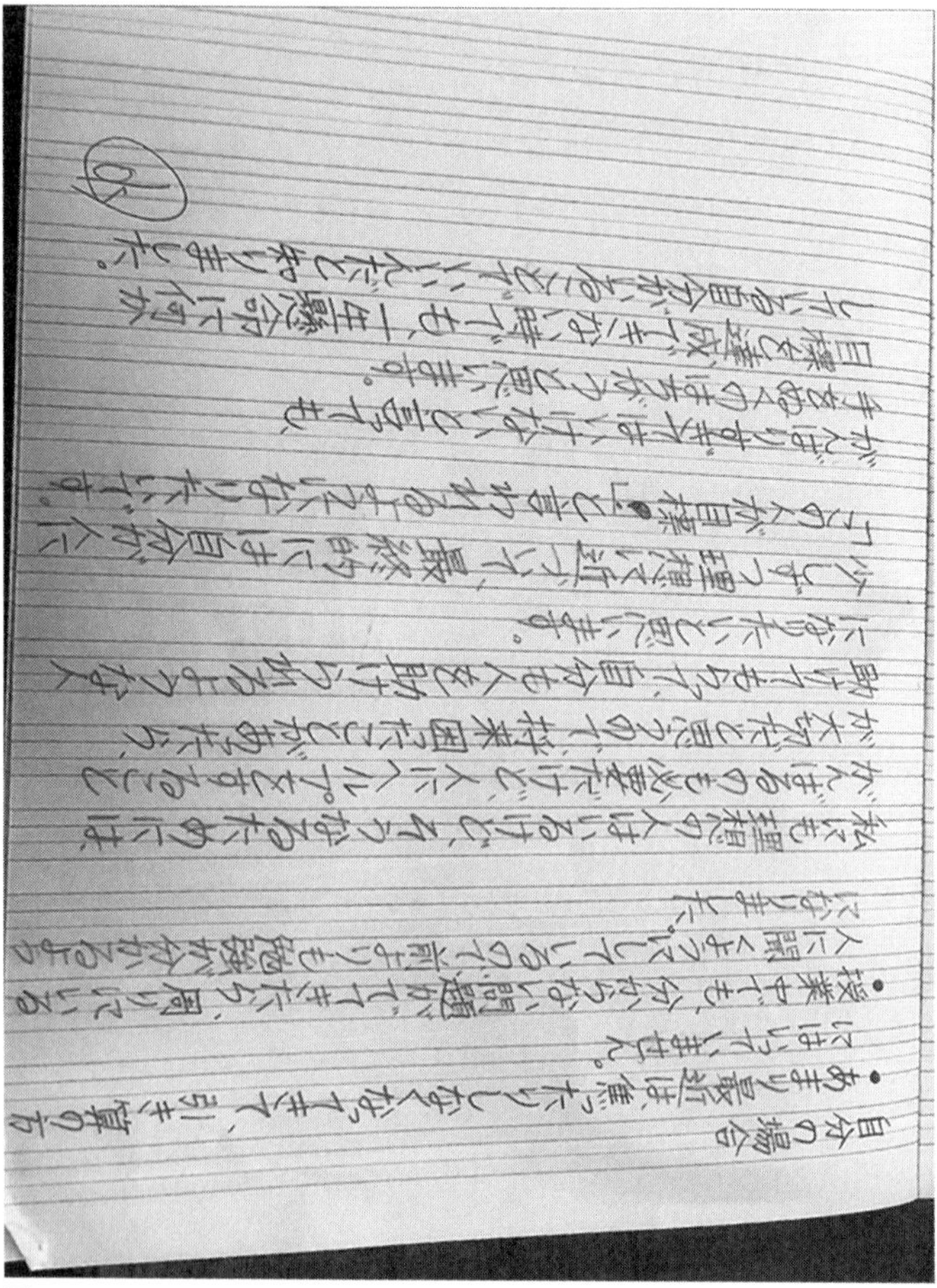

図　一つのノート

を食べないという理由でした。そんな妻に僕は一言、こう伝えました。「3日も食べなかったら、自然と食べるよ。」と。そうすると、もちろん妻は怒りました。でも、僕は本気でそう思ってます。そんな妻に、「どこでそんな定期的に食べるようになるという情報があったの？」と問うと、子育ての本やインターネットで調べた情報だと話していました。

周りと同じにはならないはずの平均値に、子どもがいないと不安になる親はたくさんいます。そうして、いつもそこに合わせようとすることに一生懸命になります。この平均点というよくわからない正解に一生懸命に合わせるように子育てをされるとしんどくなってしまう子はもちろんいますし、親自身もしんどくなるものです。

僕は、どうせ比較するなら丸々すべてを比較すると良いと教えてもらいました。皆さんが靴を買うときに、値段やデザイン性など、すべての面で比べて購入します。しかし、人と何かを比べるときは、一部だけを取り出して比較し、足りている、足りていないを考えます。人と比べるときも全てを比較して考える必要があります。そうすれば、足りていないところに目がいかなくなるものです。

さて、完璧主義になってしまう子の三角が次のページにあります。僕はこの子たちには、何か頑張ったときの声がけでなく、他の場面での声がけをより意識しています。それは、彼ら、彼女らが何も頑張っていないとき、ただ存在をしているときの声がけです。朝、登校してきたときや休み時間の何気ない時間に、「あなたがいると教室が温かくなるね。」「いるだけでなんだか心が安らぐなあ。」「このクラスにいてくれてよかったなあ。」という風にたくさんたくさん声をかけます。

ちなみに、僕は自分の娘にも、毎日、「お父さんの宝物だね。生まれてきてくれてありがとう。」と声をかけています。

「頑張っているときの私に価値がある」と思っている子には、「あなたがいてくれることが嬉しい。」というような言葉がけをたくさんしたいですね。そうして、頑張ることへの価値だけでなく、存在することへの価値を感じてもらいたいなあと思っています。

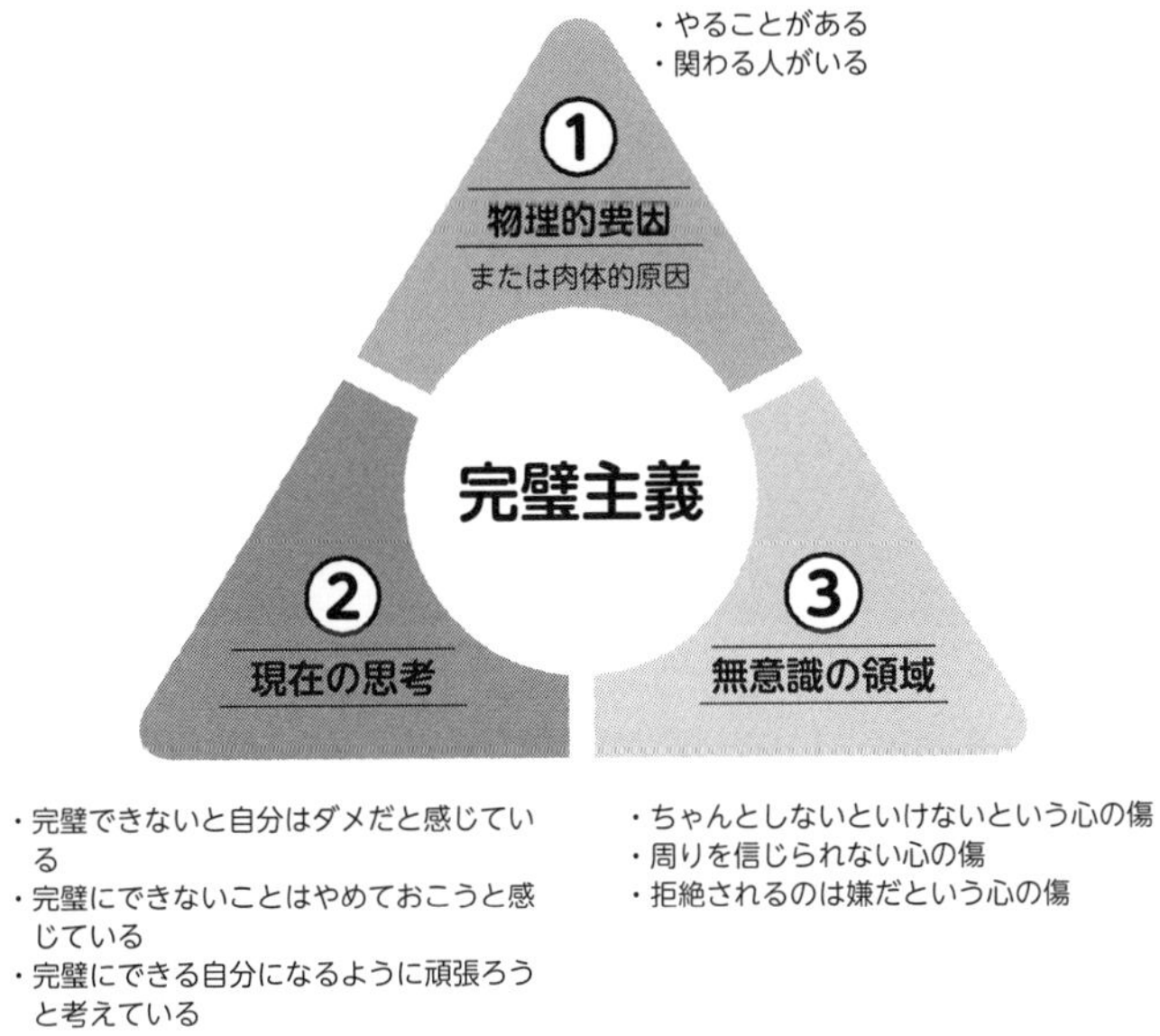
・やることがある
・関わる人がいる
①
物理的要因
または肉体的原因
完璧主義
②
現在の思考
③
無意識の領域
・完璧できないと自分はダメだと感じている
・完璧にできないことはやめておこうと感じている
・完璧にできる自分になるように頑張ろうと考えている
・ちゃんとしないといけないという心の傷
・周りを信じられない心の傷
・拒絶されるのは嫌だという心の傷

完璧主義の人は、「①何かを完璧にこなす」「②完璧にできないならやめておこう」のどちらかです。完璧すぎの人は、その頑張りを褒めれば、より完璧主義でいようとします。子ども時代にそれをすることは、子どもの未来に時限爆弾を設置することになります。熱心に頑張りを褒めれば褒めるほど、子どもは苦しみます。このようなことを「知らなかった」ではとても不幸です。

図　完璧主義の三角

教師の視点⑪

問題行動は本当に問題なのか？

僕はいつも考えていたのは、問題行動って本当に「問題」なのかということです。この問題は、僕にとっては問題だけど、その子にとってはどうなのだろう。一緒に学ぶクラスメイトにとってはどうなのだろうと考えることがあります。

もしかしたらクラスの子にとっては、イライラして叱っている僕の言動こそ、問題行動であるかもしれません。

次のページに書かれた5つの数字。あなたにはどのように見えますか。いろんな角度から見てください。そうすると、全く違うものに見えてきます。

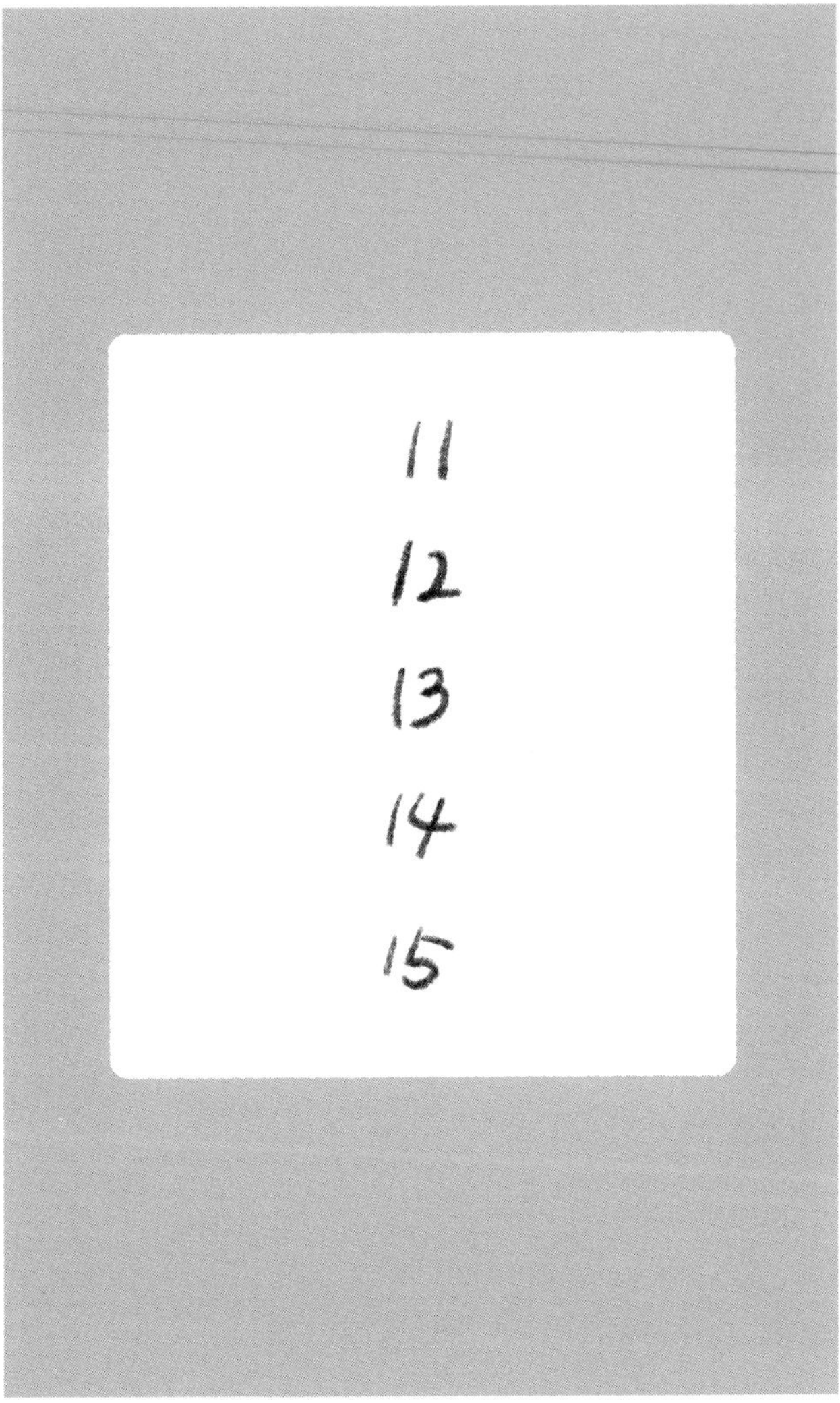
11
12
13
14
15

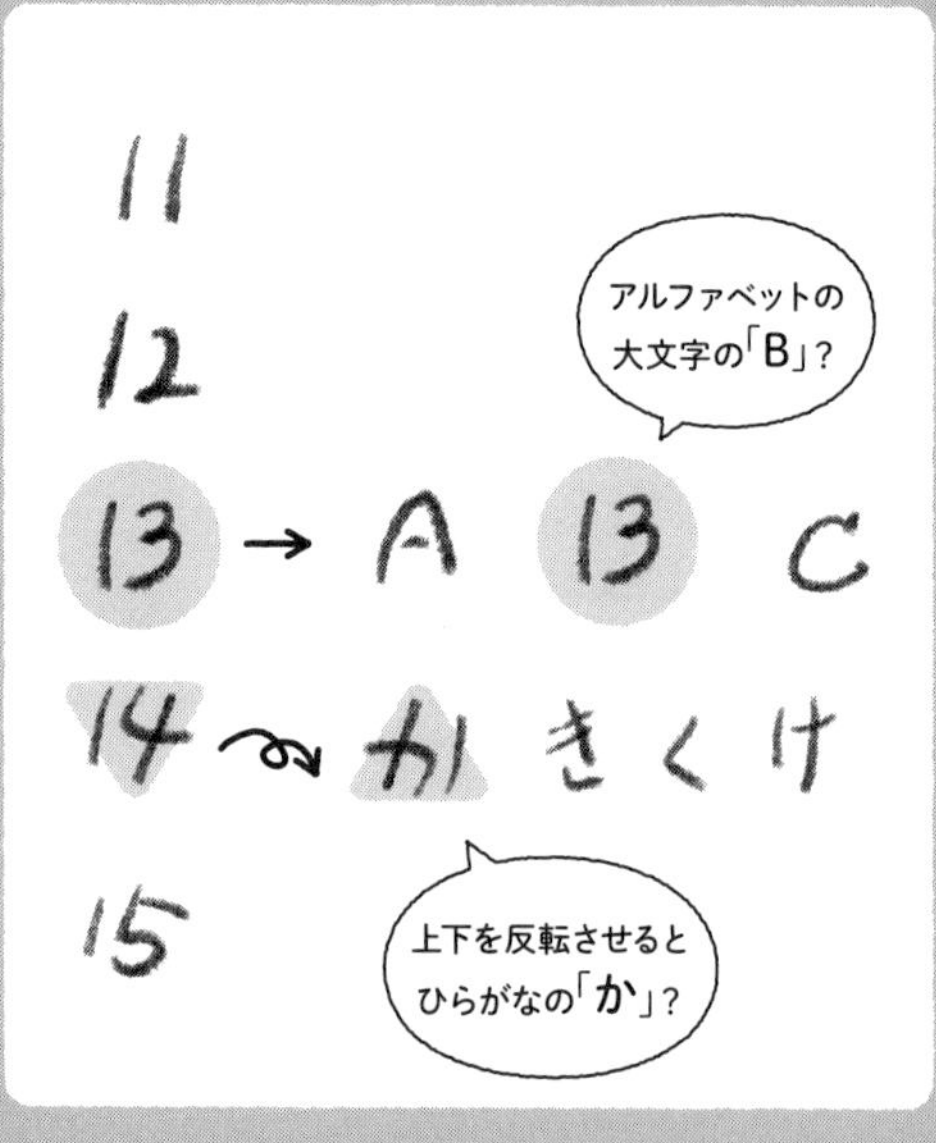
11
12
13 → A 13 C
14 → か き く け
15
アルファベットの大文字の「B」？
上下を反転させるとひらがなの「か」？

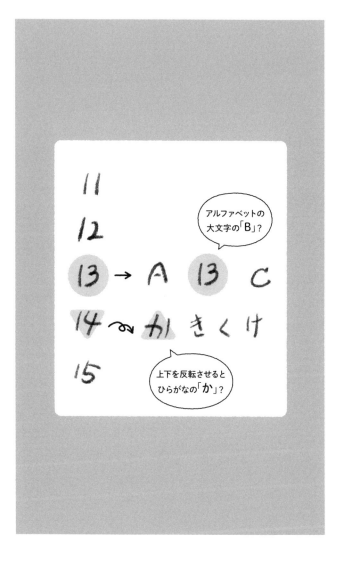

「13」は見方を変えれば、「B」に見えますし、「13」は平仮名の「か」に見えます。こうして一つの事象を別の角度から見ることで、全く別のものとして捉えられるのです。

もしかしたら、僕らが知らないだけで「12」という数字は、別の国の文字にあるかもしれません。でも、その学びがないので、僕には「12」にしか見ることができません。

子どもの問題行動も、自分の悩みも、もし全く別の角度から捉えれば、成長には欠かせない体験かもしれないですし、その子を理解し、大きく成長に向かわせられる大切なきっかけになるのかもしれません。

僕は、これまでただの問題行動、僕を困らせる行動だと感じていた行動を、子どもからの明確なメッセージであるように捉えられるようになってきました。子育ての方法は子どもがその言動でたくさん語ってくれていたことを知りました。

子育ての方法を本などで探し続けていたけれど、子どもが全ての答えをもっていたことを知りました。目の前に表れる行動から、その子がもっている思考だけでなく、その子が無意識の領域に抱えている心の傷もわかるようになるからです。

教室のものを乱暴に扱う子…教室の担任に対する反抗的な思考
暴力・暴言…周りを信頼できずに、裏切られると思ってコントロールする思考
かげでの悪口…周りを信頼できず、自分は良い位置にいようとする思考
自己主張が激しい子…周りを信頼できず、自分の考えを通そうとする思考
教師に反抗的な子…信頼できないからせめて相手をコントロールしようとする思考
姿勢の悪い子（猫背）…守られていないと感じている。自分のことは自分で守ろうとする思考

このどれもが問題だと話題に上がります。しかしどの行動も子どもが不安を抱えていることだとわかります。そして、教室での問題行動での一番多い心の傷は、「周りを信頼できない、裏切られるのではないか」というものです。こうした人を信頼できないと感じている子に、頭ごなしにその行動を叱るだけだと、より相手への不信につながり、

行動はエスカレートしていきます。また、この心の傷をもっている子は自信がないと、相手を威圧的にコントロールしようとします。

もちろんこのような行動をとる子ども達にも問題はあります。ですから、この行動は表面に現れない方が良いのです。そのためにまずは、この子たちの存在そのものを包み込んであげる必要があります。

「しんどいなあ。子どもがそんな風にしか自分を表現できないのは、本当にしんどいなあ」と教師が共感し、その苦しみから一緒に抜け出そうと話せるかが大事です。

それを教師の価値観、こだわりの愛で○か×かを表現していては関係は良くなりません。子ども自身の問題行動から、その子の真の心の声、不安、苦しみに共感できる先生に、僕はなろうと思います。そして、常になぜこの行動が自分は嫌だと感じるのかを考えていける教師になりたいです。

第二章
子どもを理解する

子どもを
理解する①

遅刻をする子

これまで登校時間に遅刻する子どもに「時間を守らないと社会で通用しなくなるよ。」と何度も声をかけてきた経験が僕にはあります。それでも変わらない場合は叱ったり、家まで迎えに行ったりと様々なことをしてきました。

その中には、うまくいったときもあれば、うまくいかないときもありました。だから、このときはこうすれば良いというものが僕の中でなかなかうまくわかりませんでした。

ある年の4年生に直也という男の子がいました。直也は八時二十五分の登校時間に毎日少し遅れて登校してきました。毎日のように注意されても、直也の登校時間は変わりませんでした。わずか二、三分です。その二、三分をコントロールできないのは何故なのかと考え、僕も様々な話をしましたが、登校時間は変わりませんでした。それどころか、いつも、「ごめんなさい。」と言っては、その後すぐにヘラヘラと笑っていましたので、僕も腹を立て、「反省しているのか?」と叱ることもありました。

もちろん懇談会で保護者にも話をすることがありましたので、家でも注意を受けています。しかし、それでも変わらないのです。僕は、正直、最初どうしてなのかなと悩みました。その中で、ひとつ気になる行動がありました。直也は、僕が職員朝会で教室にいない日、わざわざ職員室によって、僕に遅刻したことを知らせていくことがあったのです。

そのようなことや日常の彼の行動から、次のページにあるような原因と結果の三角を書きました。そして、そこから解決策を考えたのです。

この三角の③無意識の領域には、人からの注目を浴びたいという心の傷があります。これは、7歳までに親や身近な大人に見捨てられたと感じた経験や迷子になった経験、

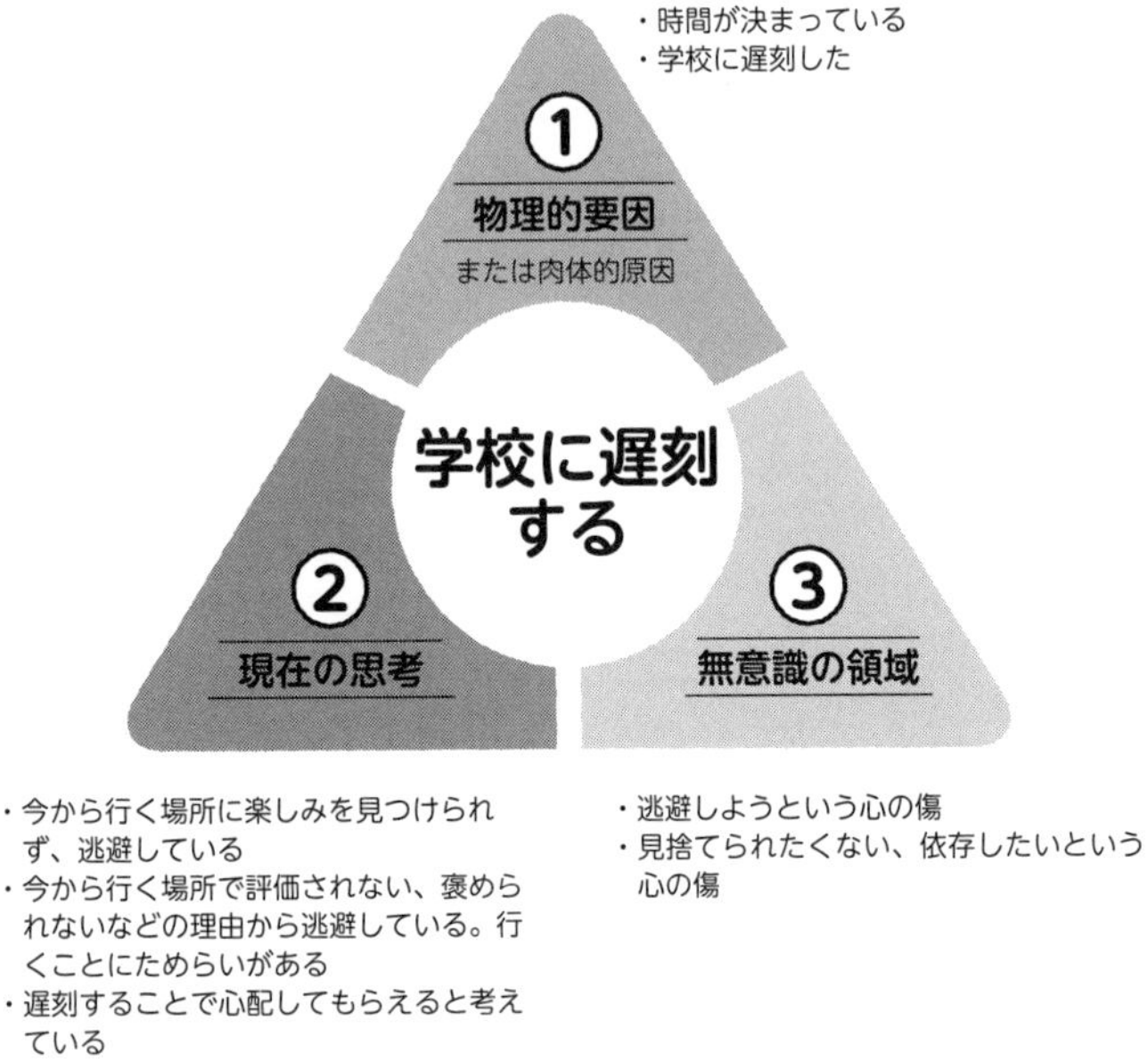
・時間が決まっている
・学校に遅刻した
①
物理的要因
または肉体的原因
学校に遅刻する
②
現在の思考
③
無意識の領域
・今から行く場所に楽しみを見つけられず、逃避している
・今から行く場所で評価されない、褒められないなどの理由から逃避している。行くことにためらいがある
・遅刻することで心配してもらえると考えている
・逃避しようという心の傷
・見捨てられたくない、依存したいという心の傷

遅刻する子は大きく２つのタイプに分かれます。一つは「逃避」もう一つは「依存」です。まずは、その子が遅刻する理由を聞いたり、普段の様子を観察したりすることで、どちらのタイプかを分析し、言葉がけを考えていきます。逃避の場合は、頑張り屋の子が多いので、その子がプレッシャーに感じていることを一緒に捉え直すようにしてあげます。どちらにしても、その子がその子のままで十分であることを伝えていきましょう。

図　学校に遅刻する子の三角

また、鍵っ子であることなどが原因として考えられます。

一人になって過ごすことが嫌なので、何か問題を起こしてでも人の目を引こうとしますし、解決策がわかっても解決すると一人になってしまうのではないかという気持ちが湧き上がってくるため、解決できそうになっても無意識的に解決をしないことを選択します。

また、依存傾向も強くなり、自分でできることもできないとして人に相談したり、困っている姿を見せたりします。

とにかく、一人になることに恐怖を感じているので、一人にならない方法ならどんなことも無意識にやってしまうのが特徴です。

この子は遅刻することにメリットを感じているということは、こうした心の傷の側面からも考えられます。そのメリットは何かを考えると、色々なものが見えてきました。

直也は母子家庭でした。お母さんは夜遅く帰ってくるので、夜は祖母と生活をしていました。懇談会などでお母さんと話していると「しっかり子育てしなきゃ」「子育てでも、仕事でも百点を目指さなきゃ」「母親だけだから『こうなった』とならないように頑張らなきゃ」と完璧を求めていらっしゃるのがよく伝わってきました。

このことから、直也はわずかなお母さんとの時間も、しっかりしなさいと厳しく育てられていることがわかりました。

そこで、直也に、「明日から八時四十五分の一時間目が始まる時間に学校においで。」と伝えました。「時間を守って、きっちり登校するんじゃなくて、それよりもたくさんたくさんお母さんの愛情を感じてから学校においで。先生からも、朝、ゆっくり直也とお母さんと過ごすように伝えるからね。たくさん甘えといで。」と。そのときの本人のなんとも言えない嬉しそうな顔は忘れられません。

もちろんこれで、すぐに遅刻がなくなったわけではありません。ただ、彼が常にこのクラスに居場所がある、担任の僕からいつも関心をもってもらっていると感じられるようにしました。

例えば、彼が見ているテレビ番組を僕も見て、次の日には僕からその話題で話しかけたり、休み時間にこちらから声をかけて一緒に遊んだりすることを増やしていきました。ちなみに僕は、必要と感じたときには、その子が好きなキャラクターや芸能人の文房具を購入し、忘れたときの貸出用にすることもあります。

直也のお母さんには、懇談会で直也を温かい愛情でふわふわと包み込むことをお願いしました。しかし、ご自身が母子家庭で仕事を一生懸命することに、直也に対して罪悪感をもっていることで、それができないことがわかりました。子育てが十分にできていないことに罪悪感を感じる人は多くいますが、それは本当にもったいないことです。

それは、人は罪悪感をもつと、無意識の領域にある大脳辺縁系が罪を犯した自分に対して罰を与えることでバランスを取るようになるからです。これも脳の観念の一つです。つまり、子育てにおいて、自分自身が困ることをいくつも見るようにして、脳が自分の罪悪感とのバランスを取ろうとするのです。

そのため、罪悪感を感じる必要がないことを伝えました。そもそも、なんのために、誰を幸せにするために働いているのかを確認すること。その限られた時間でどのようにすれば、直也に愛が伝わるのかを一緒に考えました。

単純なことですが、出張に出るときには、ハガキに直也の良いところを書いて投函するとか、まめに連絡を取るようになりました。そうすることで直也自身は家でも愛を感じるようになってきました。その結果、だんだんと遅刻がなくなり、最後にはもうすっかりしなくなりました。

人にはこだわりの愛の形があります。直也のお母さんはこだわりの形が「しっかり、ちゃんとさせることがこの子の幸せにつながる」というものです。これが直也の欲しいこだわりの愛と違ったわけです。直也のお母さんがしていることが悪かったわけではありません。それがお互いに合致する形ではなかっただけです。だからこそ、自分を責めて罪悪感をもつ必要はないということです。

これは、教師と子どもの関係でも一緒ですね。直也から、そんなことを改めて教えてもらいました。

子どもを理解する①
遅刻をする子

愛の形は様々。
どうすれば伝わるかを一緒に考える。

子どもを
理解する②

片付けられない子

教室で自分の身の回りのものを片付けられない子がいます。家でも自分のものを片付けられない子がいます。しっかりさせなきゃ、ちゃんとさせなきゃと考えている人にとってはなんとかしたいと思うものです。時には片付ける気持ちがないことにイライラしてしまうこともあるのかもしれませんね。

この問題でもそうですが、こうしたときに二つの視点から考える必要があります。一つは、どうして、この子はこの行動を続けるのかを考える必要があります。もう一つは、どうして自分はこのことに対して気にしすぎたり、イライラしてしまうのかということを考える必要があるのです。

教師も親も前者ばかりになりがちです。しかし、後者を考えることで、子どもだけの問題じゃないということがわかり、その子に対して優しくなり、その行動を許せるようになっていきます。

ある年の5年生に渉という子がいました。渉は身の回りの整理整頓が苦手で、プリントの管理などもできなくて困っていました。僕も教室に片付け方を提示したり、班のメンバーで管理し合ったりしましたが、なかなかうまくはいきませんでした。

学校からの手紙も家に届かず、困る場面もありました。ですから、手紙を挟むファイルをこちらが準備し、数日こちらで確認することもしましたが、僕が十分やりきれず、それも定着しませんでした。

この子の原因と結果の三角を書くと次のようになります。片付けがうまくできない子の多くは、終わらせることができないという思考をもっています。それは、物事を終わらせると人に見てもらえなくなるという思いや、終わらせることを自分でできず、人に

・物が散らかっている
・使ったままになっている

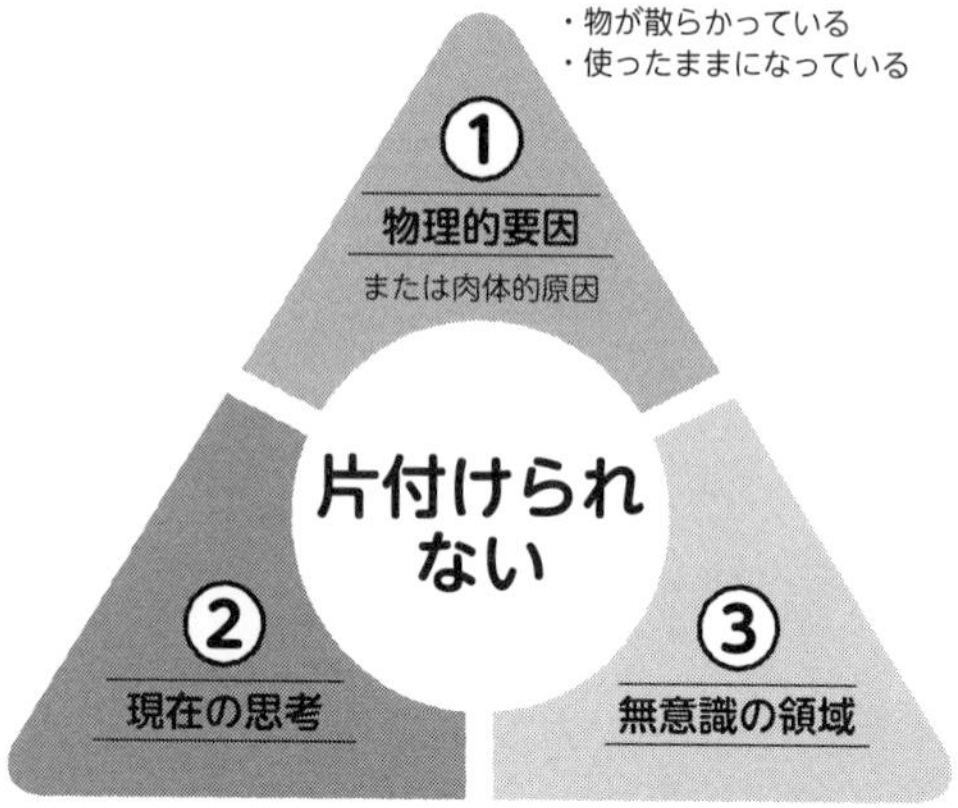
①
物理的要因
または肉体的原因
片付けられない
②
現在の思考
③
無意識の領域

・終わらせたくないと感じている
・何かを終わらせると、もう見てもらえなくなると感じている
・問題が片付くと見てもらえなくて、一人になると感じている
・自分はすぐに遊べるような楽しめる世界を作りたいと思っている
・日常から褒めてもらえてないと思っている

・見捨てられたくないという心の傷
・拒絶されたくないという心の傷
・自分の思うようにコントロールしたい心の傷

片付けられないのは、「何かを終わらせると、もう見てもらえない」「一人になってしまう」と無意識にも感じてしまうからです。

片付けられない子は、より関心を向けてみましょう。髪型が変わった、新しい靴を履いて来た、服を着て学校に来た、そんなことに気付き、声をかけてみましょう。すると、その子が片付け始めたり、あなたが以前よりそのことが気にならなくなったりしていきます。

図　片付けられない子の三角

依存してしまうという思いをもっているからです。

そこで僕は、この子がこの教室に居場所があるということを様々な形で知らせたり、無条件にこの子が愛されていることを感じられるように話し、取り組みを行ったりしました。

12歳までの子どもは、無条件で自分が愛されているということ、どの場所にも自分の居場所があるという観念を育てることが必要ですので、こうして片付けられないという行動で自分が不安であるというサインを出してくれることは、とてもありがたいことなのです。

このように捉えると、片付けられないということが「自分を愛して欲しい」というサインであるように思えて、渉がとても可愛らしく思えるようになりました。そうすると小言が減り、気がつくとこちらからそっとフォローする回数が増え、それを見て、周りの子もそっと渉をフォローするようになっていきました。

そう考えると、なぜ、渉の片付けられないという行動に自分がイライラしていたのかなと思いました。渉には、「周りの子が困るよ。」「親が困るよ。」と声をかけていましたが、本当に困っていたのは僕自身でした。

渉を変えられない自分、片付けられるようにできない自分を恥ずかしく思ったり、周りの子どもに渉を変えられない自分はどう思われるんだろうか、ここから教室が徐々に荒れることはないだろうかと思ったりしました。

僕は、自分が子どもを本当に幸せにしたいから変わって欲しいと思っているだけではなく、こうして汚く、（ある意味）クズな部分があることを知りました。最初は、そんなことはないと自分を否定していましたが、そんな自分を受け入れるようになり始めてから、子どもの様々な行動が許せるようになってきました。

僕は僕のために教室を作ろうとしている。子どもを変えようとしている。今、それは決して悪いことではないと感じています。ただ、これを無自覚にやることは子どもも自分も傷つける行為だなと感じています。

僕は、自分の汚さを受け入れるようになり、子どもの汚さも受け入れるようになりました。そのことは、子どもの前に立つときの表情を柔らかくし、力みをとってくれました。何か子どもの問題行動を変えたいと思ったとき、なぜ、その子がそうしてしまうのか。どうすればそれを改善させてあげられるのかを考えることはもちろん大切です。

しかし、それと同じくらい、いやそれ以上に、なぜ自分はそう感じるのか。それに対し、負の感情を抱くのか。それを考えることはもっと大切だなと今は感じています。

さて、渉ですが、その後、徐々に片付けられるようにはなりましたが、完璧にできるということはありませんでした。しかし、そうであっても誰も困っているように見えませんでした実際に、教室は笑顔が多くなりました。きっと僕自身の笑顔が増えたからに違いありません。

子どもを
理解する③

授業で発表しない子

授業で発表しない子がいます。それが気になる先生も少なくないですし、参観の後の懇談会では、そのことをとても気になさるお家の方もいらっしゃいます。以前の僕は、そのことがとても気になっていました。ですから、授業の中で発表することは○、できないことは×として、子どもを褒めたり、叱咤激励したりしていました。

授業で発表しない理由は実に様々あります。

A自分の考えはあるが、その考えに自信がもてない子

B自分の考えはあるが、発表するということに緊張する子
C自分の考えはあるが、周りにどう思われるのか気にする子
D自分の考えはあるが、そもそも授業への参加意欲の低い子
Eそもそも何を聞かれているのかわからず発表できない子

など、同じ発表をしないにしても、その原因は様々です。例えば、このA〜Eに関して、僕らがする工夫は原因と結果の三角の「①物理的要因」に対してのアプローチです。「②現在の思考」や「③無意識の領域」へのアプローチをすることはほとんどありません。

でも、①は結果の三十三%に過ぎないわけです。残りの原因に約七十%もの原因があるわけです。そこへのアプローチを無視して、表面的なところにどのようにアプローチをすれば良いのかばかり考えてないでしょうか。

それでは、AからEの三角を次のページに書いていきます。「①物理的要因」に関し

図　三角A

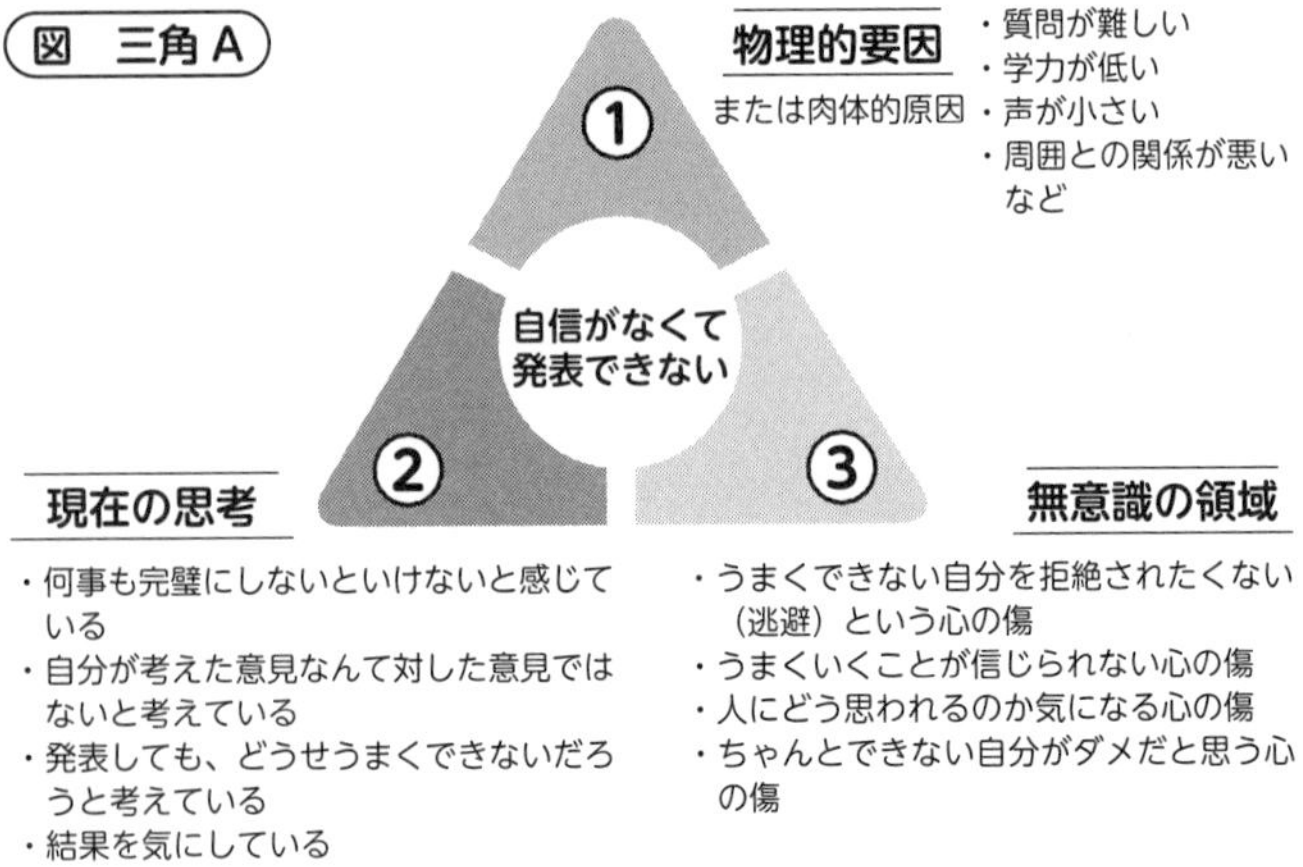
①
物理的要因
または肉体的原因
・質問が難しい
・学力が低い
・声が小さい
・周囲との関係が悪い
など
自信がなくて
発表できない
②
現在の思考
・何事も完璧にしないといけないと感じている
・自分が考えた意見なんて対した意見ではないと考えている
・発表しても、どうせうまくできないだろうと考えている
・結果を気にしている
③
無意識の領域
・うまくできない自分を拒絶されたくない（逃避）という心の傷
・うまくいくことが信じられない心の傷
・人にどう思われるのか気になる心の傷
・ちゃんとできない自分がダメだと思う心の傷

図　三角B

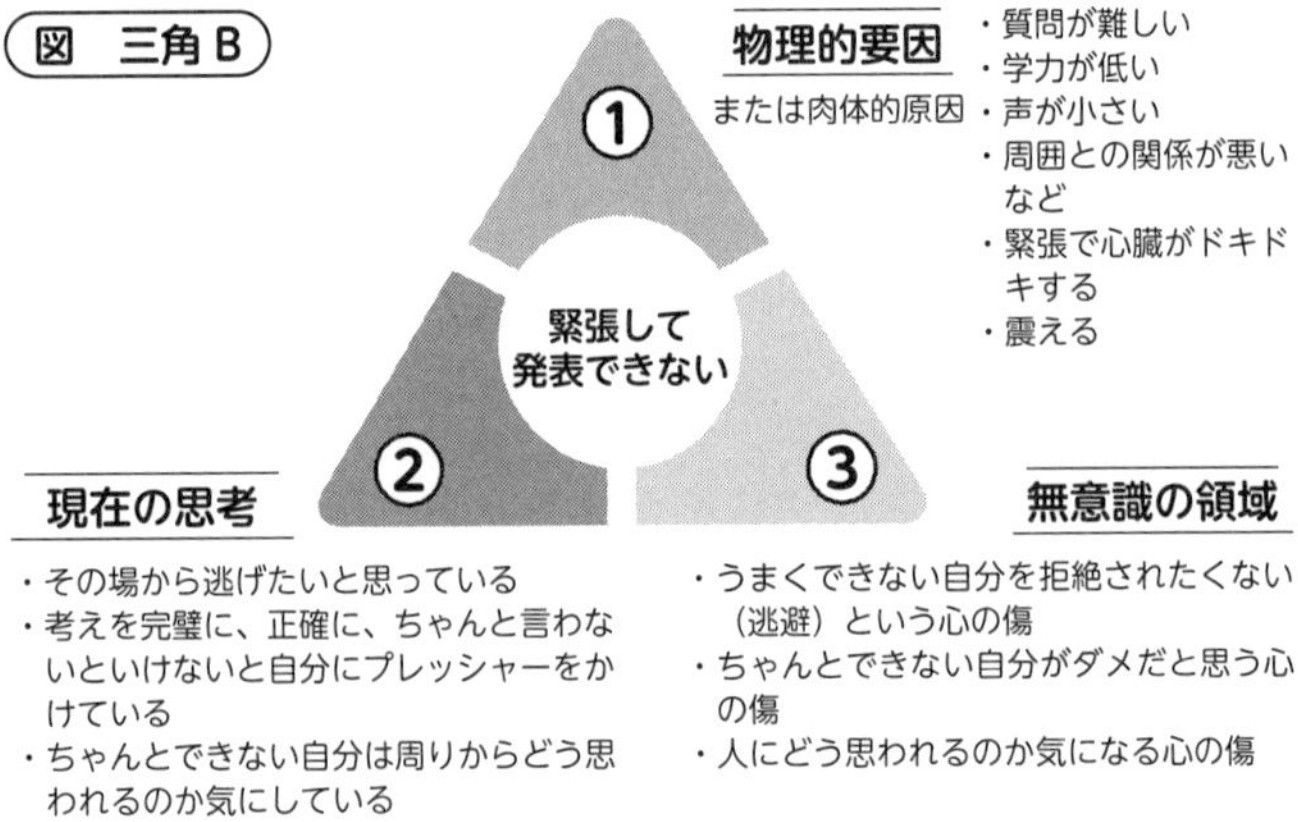
①
物理的要因
または肉体的原因
・質問が難しい
・学力が低い
・声が小さい
・周囲との関係が悪い
など
・緊張で心臓がドキドキする
・震える
緊張して
発表できない
②
現在の思考
・その場から逃げたいと思っている
・考えを完璧に、正確に、ちゃんと言わないといけないと自分にプレッシャーをかけている
・ちゃんとできない自分は周りからどう思われるのか気にしている
③
無意識の領域
・うまくできない自分を拒絶されたくない（逃避）という心の傷
・ちゃんとできない自分がダメだと思う心の傷
・人にどう思われるのか気になる心の傷

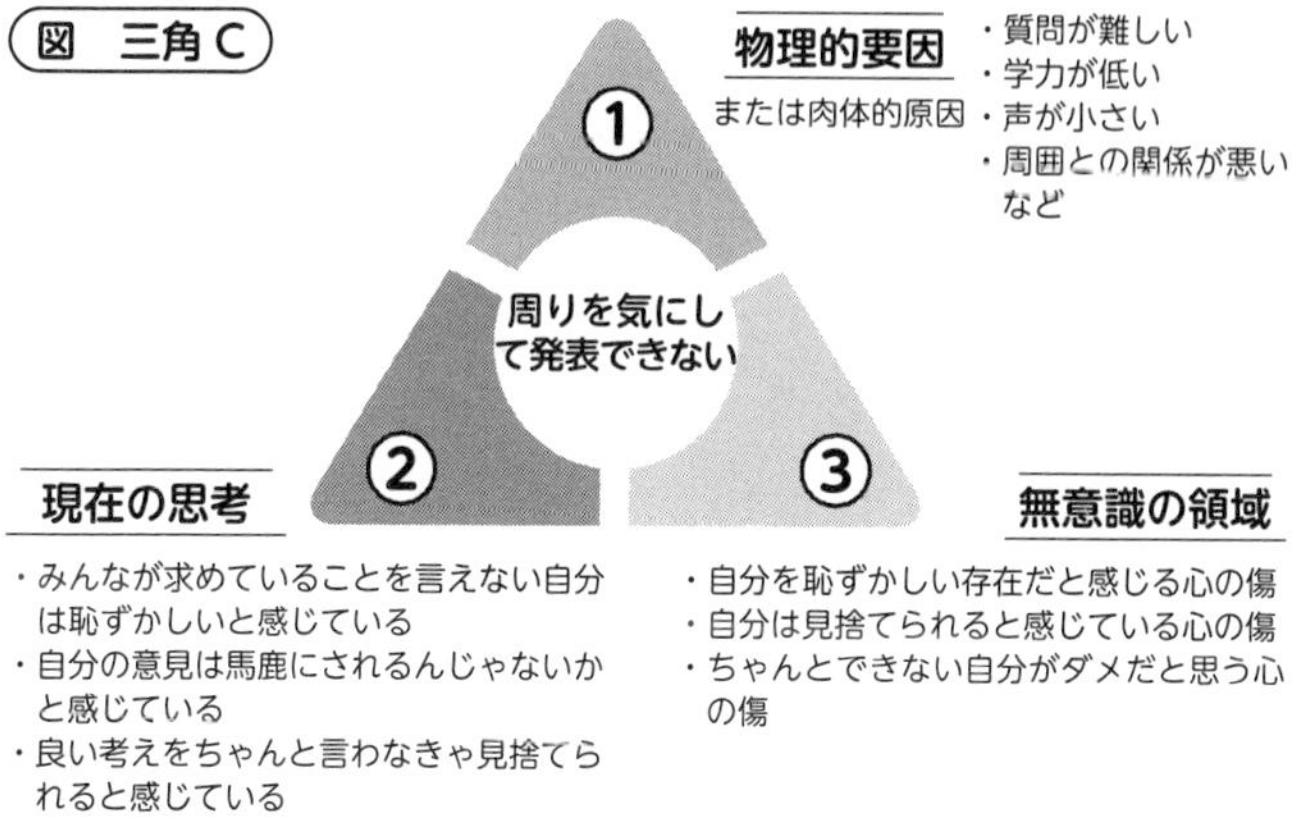
図　三角C
物理的要因
または肉体的原因
・質問が難しい
・学力が低い
・声が小さい
・周囲との関係が悪い
など
①
周りを気にして発表できない
②
③
現在の思考
・みんなが求めていることを言えない自分は恥ずかしいと感じている
・自分の意見は馬鹿にされるんじゃないかと感じている
・良い考えをちゃんと言わなきゃ見捨てられると感じている
無意識の領域
・自分を恥ずかしい存在だと感じる心の傷
・自分は見捨てられると感じている心の傷
・ちゃんとできない自分がダメだと思う心の傷

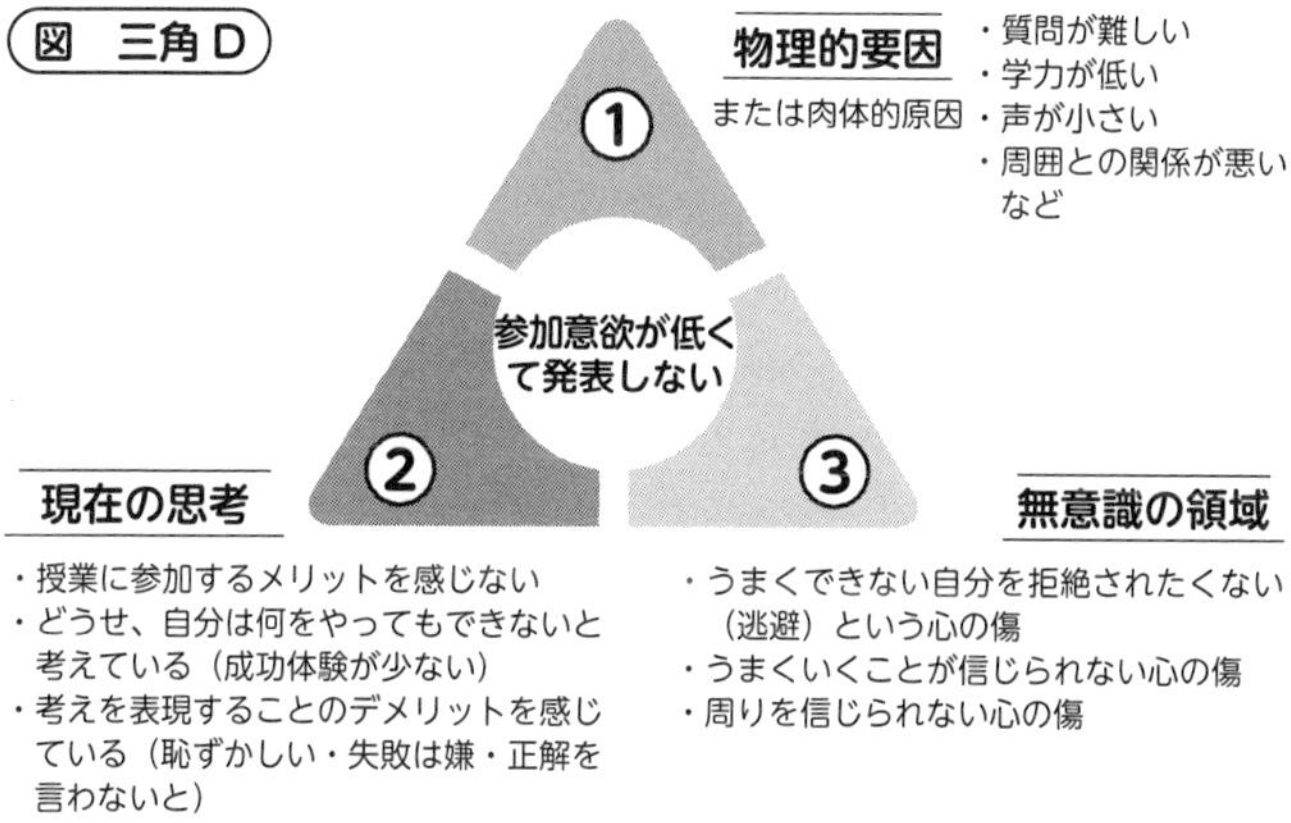
図　三角D
物理的要因
または肉体的原因
・質問が難しい
・学力が低い
・声が小さい
・周囲との関係が悪い
など
①
参加意欲が低くて発表しない
②
③
現在の思考
・授業に参加するメリットを感じない
・どうせ、自分は何をやってもできないと考えている（成功体験が少ない）
・考えを表現することのデメリットを感じている（恥ずかしい・失敗は嫌・正解を言わないと）
無意識の領域
・うまくできない自分を拒絶されたくない（逃避）という心の傷
・うまくいくことが信じられない心の傷
・周りを信じられない心の傷

図　三角E

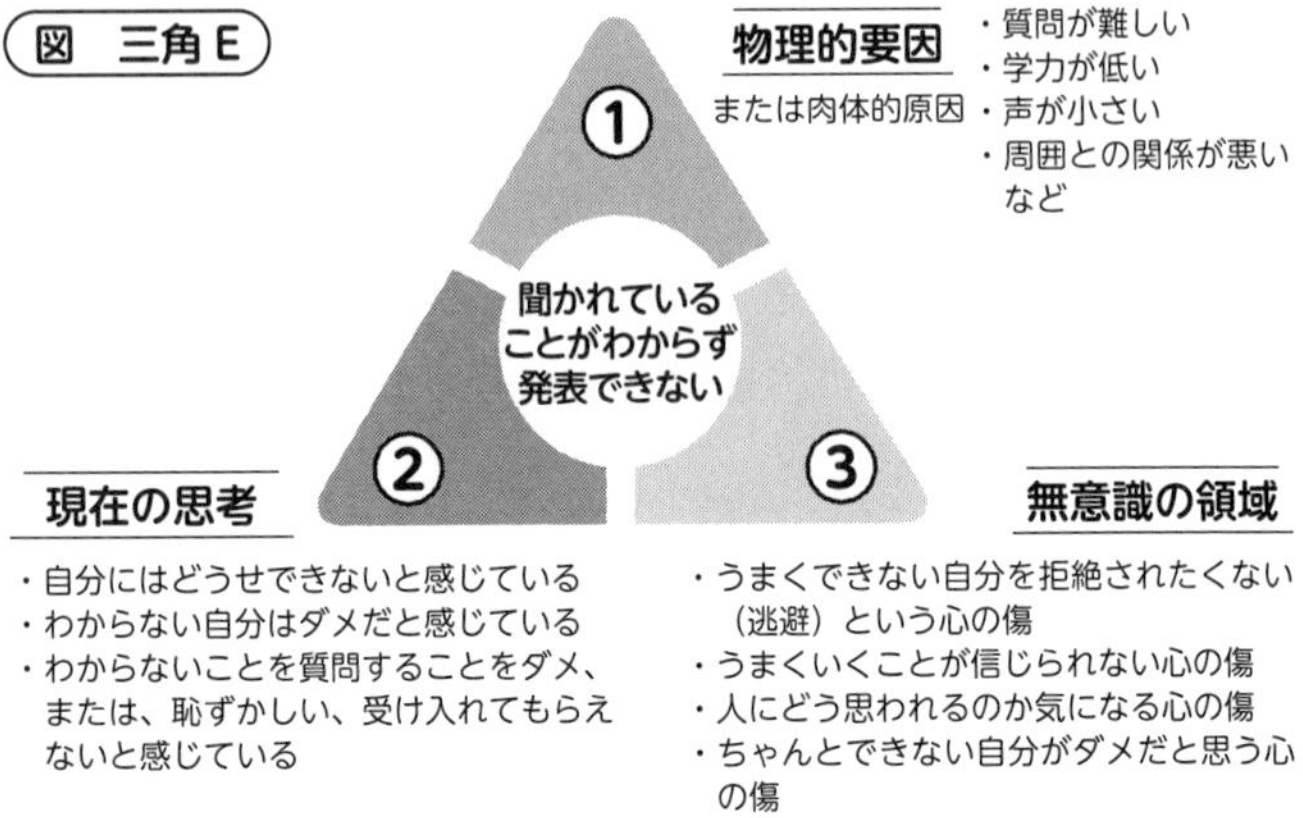
①
物理的要因
または肉体的原因
・質問が難しい
・学力が低い
・声が小さい
・周囲との関係が悪い
など
聞かれている
ことがわからず
発表できない
②
現在の思考
・自分にはどうせできないと感じている
・わからない自分はダメだと感じている
・わからないことを質問することをダメ、
または、恥ずかしい、受け入れてもらえ
ないと感じている
③
無意識の領域
・うまくできない自分を拒絶されたくない
（逃避）という心の傷
・うまくいくことが信じられない心の傷
・人にどう思われるのか気になる心の傷
・ちゃんとできない自分がダメだと思う心
の傷

ては、授業で発表する場面なので、全て同じです。

これらの三角の特に「②現在の思考」を見てください。このような思考をもっている子にどのような声かけが必要か考えてみてください。これまでと違った声がけが出てくるのではないでしょうか。

僕はAのように自分の考えに自信をもてずに行動できない子や、Bの緊張する子には、必ず、「自信をもとうとしない」「完璧な答えを言おうとしない」と声がけします。そして教室にいてくれるだけでうれしいという、存在への承認を意識した声がけをします。自信があるかないかは関係がありません。完璧な答えは求めていません。それは、僕らは所詮、自分では何もできない生き物だからです。そして、毎回、百点の答えは言えないし、必要もないからです。

教師であるあなたにも聞きたいのですが、あなたの人生はだいたい思い通り進んできましたか?僕は、ほとんどうまくいっていません。なんだったら、今日も自分の予定通りに進まなくてイライラしましたし、人が思った通りに反応してくれなくてがっかりしました。

そうです。このように僕は僕自身すら満たすことはできないのです。それにもかかわらず、自分の担任する四十人もの子ども達をなぜか幸せにできると思っているのです。自分の理想に向かって変えられると思っているのです。大きな勘違いをしているわけです。

僕らは、こうして何もできない、限界のある人間ですから、百点の答えも毎回言えるわけがありません。完璧にはなれない生き物なのに、常に完璧でなければならないと自分を威圧しているのです。

もちろん、これも子どもの頃、親や身近な大人によって作られた心の傷が大きな要因になっています。ですから、「自分を責めなくても良いんだよ」と子どもに話していますす。「それは仕方ない。」と伝えます。でも、「そのままで良いの？嫌なの？嫌であれば、今日から少しずつで良いから、やりたいならやってみよう。」「その中で出会う失敗は実は失敗ではない。捉え方を変えれば、成功に向けてのプロセス。その中にたくさん宝があるよ。一緒に探してみよう。」と声をかけています。

18ページにある原子同士が外部からの影響を与えあっているという説明を覚えていますか？教師がこのような心持ちで子どもの前に立つことが、どれだけ子ども達に外部からの影響を与えるのかを考えてみてください。

発表しないことを×とし、変わらないことにイライラし、自分の思う方向にコントロールしようとする教師。

発表しないことからその子を分析し、その思考に理解を示しながらも、こうして考えると良いよと示す教師。

どちらの教師のもとでなら、子どもが自分の考えを自由に表現できるようになるでしょうか。ここでもやはり、教師が自分自身を見つめる大切さがわかります。

Cのように周りを気にする子は、「③無意識の領域」の心の傷に、自分のニーズを表現できず、周りの評価を気にしてしまうというものをもっています。

この子は7歳までに、「そんなことをしていたら恥ずかしいよ」「それでは社会で通用しないよ」など、親自身の感情より常に周りから見た評価を伝えられて育った子です。そうすると自分の考えやニーズを伝えることは恥ずかしいと感じるようになり、周りの考えを尊重しすぎたり、流されやすい人になったりします。

この心の傷をもっている子には、小さな選択を何度もさせてあげることが大切です。好きな色を選んだり、好きな取り組みを選択できるようにしたりするなど、自分のニーズを伝える練習が必要になります。同時に、周りの大人は、この子が自分の考えを表現できたこと、何を言ったかという結果より、表現したこと自体や表現に至るまでのプロセスを評価してあげる必要があります。そうして、自分の考えを少しずつ表現する機会を作ってあげることです。

Dの「参加意欲の低い子」、Eの「そもそも何を聞かれているのかわからない子」は、そう行動することにどんなメリットがあるのかを分析してみてください。分析するときには、原因と結果の三角から考えることはもちろんですが、僕は、「もしそうでなければ、その子はどうなるのだろうか?」を考えるようにしています。

「参加意欲の低い子が意欲の高い状態になること」や「わからないことがわかるようになること」は、この子ども達にとっては困るわけです。こう書くと変と思われるかもしれませんが、この子たちにはメリットがあってやるわけです。

意欲の低い子は、やる気のない状況の方が教師が気になり、教師に認識を置いてもらえますし、わからない子はわからない状態でいることで教師が構ってくれたり、認識を置いてくれるのです。そんな単純な動機で動いているのかもしれません。もし、そうであれば、授業以外の場面でこの子ども達とのかかわりをもっと増やすだけで解決するのです。

僕たちは、子どもの問題行動の表面的な部分しか見ていないのではないでしょうか。それで○か×かを判断しているのです。それでは、子ども達の本当の心の声は聞こえてきません。

子どもを理解する③
授業で発表しない子

表面的な部分だけで ○× をつけず，本当の心の声を聞く。

子どもを
理解する④

授業中に話す子、立ち歩く子

授業中の子どものおしゃべりに悩んでいる方の相談をよく受けることがあります。それだけでなく、最近は子どもが授業中に立ち歩くという相談も受けます。その先生達の話を聞いていると、それに対して様々な対策を打っていてもなかなか効果がないということを聞きます。

僕自身、これまでは何となく子どもにかける言葉や取り組みを変えることだけではなく、心の部分や考え方で意識しないといけないことがあるんだと感じていました。しかし、それが何かは明確にわかりませんでした。そこに答えをもたらせてくれたのがＢＰ

Mでした。

どの問題もそうですが、みなさん、物理的な努力は本当にたくさんされていますし、こうして本を読んでなんとかしようと考えている時点で、努力は十分にされているという風に僕は考えています。こうして自分自身、頑張っているにもかかわらず、自分自身に×をつけてばかりだとしんどいですし、先がどうなっていくのか不安ばかり募り、子どもとの楽しい時間も精神的に苦しくなっていきます。

このような状況にいる場合、原因と結果の三角の「①物理的要因」へのアプローチとしての、努力の量を増やすことや新しく何かを取り組んだりすることは余計に苦しくはないでしょうか。そうではなく、子どもの「②現在の思考」や「③無意識の領域」にアプローチをすれば、これまで努力しても効果があまり出なかったことにも効果が出てくるのではないでしょうか。

次のページには、授業中に話したり、立ち歩いたりする子の原因と結果の三角を書きました。この三角を見ながら考えてみてください。

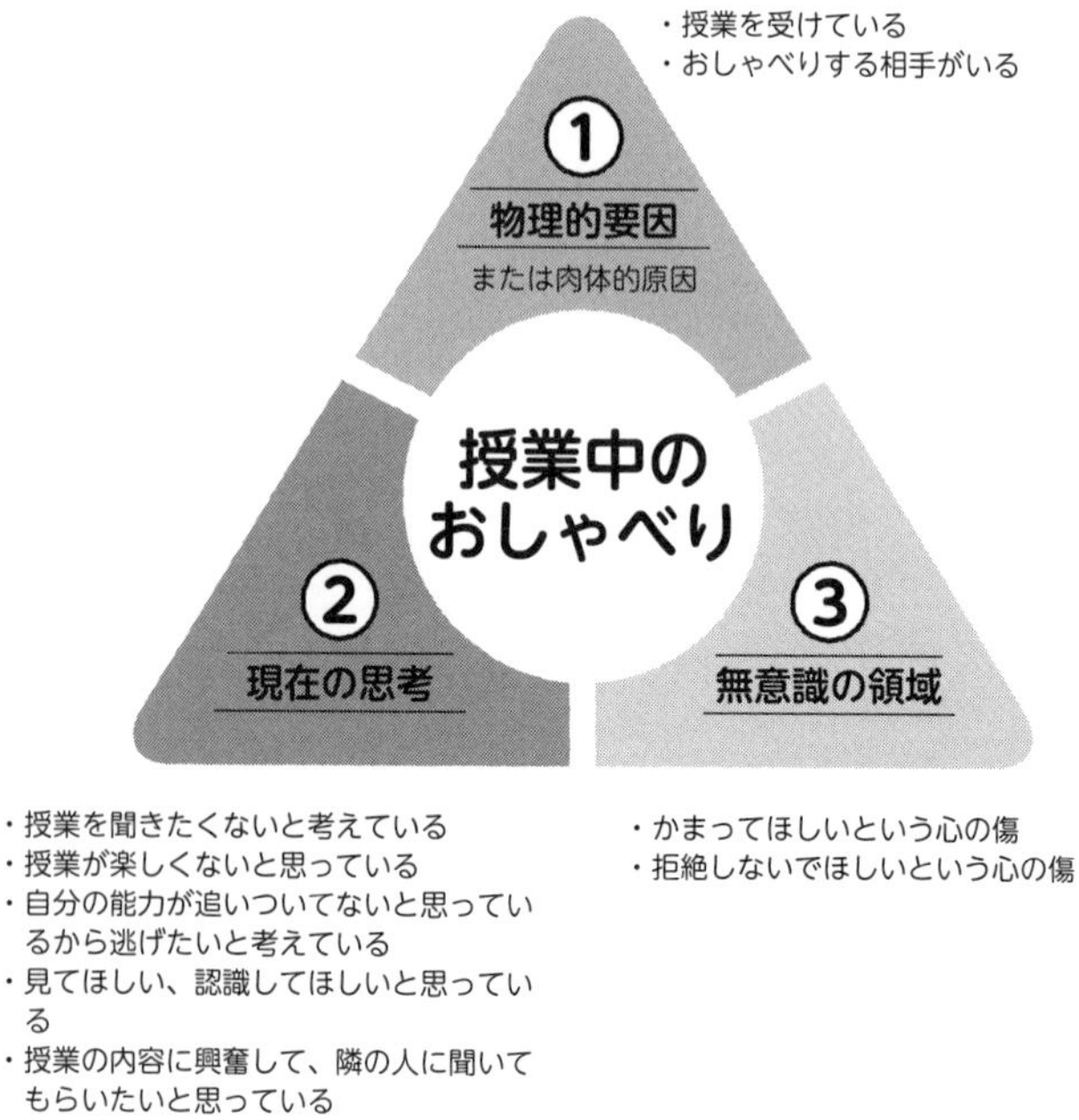
・授業を受けている
・おしゃべりする相手がいる
①
物理的要因
または肉体的原因
授業中の
おしゃべり
②
現在の思考
③
無意識の領域
・授業を聞きたくないと考えている
・授業が楽しくないと思っている
・自分の能力が追いついてないと思っているから逃げたいと考えている
・見てほしい、認識してほしいと思っている
・授業の内容に興奮して、隣の人に聞いてもらいたいと思っている
・かまってほしいという心の傷
・拒絶しないでほしいという心の傷

授業中におしゃべりしてしまう子は「人と話す」という行動を通して、自分を見捨てないでほしいというメッセージを送っていることがわかります。ですから、頭ごなしに叱るのではなく、その気持ちを充足させてあげることが解決につながっていくのです。一つの手法として、その話に教師が乗っかっていくのも良いです。

ある年の6年生に健という男の子がいました。健は4月の始業式から立ち歩いていました。

それだけでなく、みんなからの注目がなくなったら机をリズミカルに鉛筆で叩いていました。こんなとき、僕は正直に困るわけです。どうしたら良いのかわからず、一瞬、頭が真っ白になり、「おいおい、今日は出会いの日やで」と思いました。みなさんはこうしたときに魔法使いのような一言があると思っていませんか？

こんなときに魔法のように変わる一言なんてありません。ここから、僕はこの子の研究を始めます。それは、地道な作業です。「Aという行動、言葉かけをした。そのとき、健はこんな風に動いた。こんな表情をした。その後どうなった。」と、そんな風にメモを取り、分析します。私の行動で良い効果が出た場合は続け、出なかった場合は「今は」やめます。「今は」と書いたのは後々に効果が出る取り組みもあるからです。

この子ども達は基本的に「見捨てられたくない」という思いが無意識にあります。授業できちんと座っていると、自分の居場所、存在が教室から消えてしまうわけです。
ご自身の教室を思い浮かべたとき、どれだけ全体の子どもと授業の中で関わっていますか。それを一度、振り返ってみましょう。僕は、例えば次のことは授業の内容に関係なく、意識してやっています。

・授業で一人ひとりに目を合わせて話している
・教卓ではなく、机間を歩き、一人一人の側に行っている
・必要であれば軽くスキンシップを取っている（肩に手を置く、頭を撫でるなど）
・その子を授業中に話題にあげる

「授業中に机をちゃかちゃかする」という表面的なところにアプローチするのではなく、なぜ、その子がそうするのかを考えるところのようなことが大事になってくるとわかります。

そうやってそういう子は、日常の授業以外の場面でもたくさんたくさん関わってみる

ということをしてみましょう。その中で、「先生はあなたのことを見ているよ。たくさん関わりたいよ」ということを行動で伝えてみましょう。一緒に運動場でたくさん遊ぶのも良いですし、教室で好きなゲームについて話すのでも良いでしょう。なんだったら、そのゲームを少しやってみるのも良いです。

そうして、この子が「この教室では見捨てられない」「この教室には居場所がある」と認識できたら、問題行動と思っていることも少なくなっていくことは間違いありません。居場所というのは、物理的なものではなく、精神的なつながりです。そのつながりを温かく感じられると、教室での行動も変わっていきます。

健が授業を座って受けられるようになるのに、そんなに時間はかかりませんでした。もちろん、彼がなぜそうしてしまうのかは、他の子にも説明はします。

「誰もがみんな、自分を無視されるのは嫌なものです。この教室には四十人もの子どもがいる。そうすると、自分を見て欲しいとなったときに、それぞれの方法で一生懸命になります。ある子はしっかりちゃんとすることで。ある子は笑いを取ることで。ある子は優しくすることで。ある子は人に意地悪することで。ある子は授業を邪魔することで。もちろんこの行動に良い、悪いはあるでしょう。でもね、みんながみんな、僕は、私はここにいるよ！って知って欲しいからやってるんだよ。先生には、そういう風に見えるから、愛おしく感じるんだよね。」

健のことを特別に取り上げて話すわけではありません。でも、問題行動をする子もなぜ自分がこうしてしまうのかを責めています。だから、こうして想いを代弁してあげることが大事だと考えています。結果、周りの子が温かい眼差しを向けてくれ、温かい関わりが増えれば彼にとっても教室が安心できる場所になっていきます。

ただ、その子の特性上、動いた方が学びやすいという子もいます。「それを許してあげましょう」と言っても、そうしたことが「許せない」「我慢させるべきだ」と思う方もいらっしゃいます。これも、無意識にも思ってしまうものなので、悪いことではありません。そもそも思ってしまうものは仕方ないのです。そんな自分を責めないでいることがまずは大事です。親も教師も、教育に熱心であればあるほど、自分の思いやこだわりが強くなります。同時に、不安の大きい人も自分の思いやこだわりが強くなります。

そうすると自分以外の形に柔軟に対応できなくなってしまいます。

ちなみに、僕は、授業の中で立ち歩きたくなったら、教室の壁際に行き、そこで話を聞いて良いというようにしています。どのタイミングでも、自分で行きたくなったら行くわけです。最初から、このようなことをするのに抵抗があるなら、授業の最中に人のノートを見に行くことや、いろんな人と立ち歩いて話をする時間を設けたら良いですね。

人の心の中に、学んだことが入る心のコップがあったとします。あなたがもし子どもの行動を理解できず、批判したり、無視したりしていると心のコップは逆さを向き、どんな指導も入らなくなってしまいます。あなたと出会う以前、様々な大人に批判され、無視され続け、その子は出会ったときから心のコップが逆さを向いていることもあります。

しかし、子ども達は、自分のことを理解してもらえると、逆さに向いていた心のコップを上に向け始めます。ゆっくりゆっくり、でも確実に。

なによりまずは、子どもの気持ちに共感したり、理解したりすることが先です。その後、どう行動すると良いのかを自分の目線から伝えることです。決して、社会がどうとか、周りはどうとかではなく、自分はどう思うのか、どのようにすると良いのか、なぜそうすると良いのかを伝えましょう。

こうしたことは知っているか、知らないかだけの差です。教師や親が知っていることで救える場面はたくさんありますし、何より子どもが未来で使える「思考」というギフトをプレゼントできます。

子どもを理解する④
授業中に話す子、立ち歩く子

まずは子どもの気持ちに共感したり，理解すること。
その後に自分の目線からどうすれば良いかを伝える。

子どもを
理解する⑤

給食を食べない子、食べ過ぎる子

今から、これまであまり誰も主張してきていないことを伝えます。

給食は残しても良い。
苦手なものを無理して食べなくても良い。

僕は、今、こう考えて給食指導をしています。なぜなら、脳は無意識に、「食事＝愛」と考えているからです。そして、食べ物から外の世界とのバランスを調整することができるようになるからです。

なんと、嫌いなものを我慢して食べさせると苦手な人との関わりで我慢してしまう癖がついてしまいます。我慢することが癖になると、そこから病気になったり、対人関係でストレスの多い人生を送ることになったり、自分の苦手な人には自己主張できず相手の考えを黙って受け入れることになったりします。

一方、好きなものだけ食べる子どもは、苦手な人にも自己主張ができたり、自分が苦手な人と我慢せず付き合える豊かな心を育てることができたり、また、苦手な人との関係より価値観の近い人との交流が多くなったりすることがBPMの研究でわかっています。

これがこの子のコンフォート・ゾーンになることが怖いなぁと感じています。また、これを食べたい、食べたくないというものにも、元になる思考があります。例えば、牛乳は、母親の愛がテーマになります。

牛乳を飲みたくない、苦手だという子は「母親の愛を拒絶していたり、愛を受けたいけど諦めてしまっていたりする思考」です。おかわりしている子は、「母親の愛がもっと欲しいと求めている思考」です。
白米、パンは「子どもの頃の歓迎されている家への感情」と深い関係があります。これを多く欲するということはもっともっと欲しいと感じているし、あまり食べないというのは満たされているということになります。もちろん食べ物のアレルギーに関しても思考が関係しています。
一つ一つの食べ物にも、それを欲する理由、欲しない理由となる思考があります。食事はそうしたことを知る機会なので、僕は子どもを見取る機会にしています。

食べ物を多く欲する子は、日常的に愛が足りていない子です。その場合、その子との関わりをより意識してあげる必要があります。もしかしたら、愛されているにも関わらず、その子の欲するこだわりの愛の形が満たされていないことがあります。

うちのクラスに薫という男の子がいました。この子は幼い頃から親に中学校受験を求められていました。それに対し、反発することなく素直に一生懸命に勉強をしていました。

この子は給食をものすごく食べましたし、おかわりもたくさんしました。ただ、甘いものは食べませんでした。

ここから分析できることは、母親は自分のこだわりの形の愛を彼にたくさん与えているけども、彼はそれを欲していない。そうではなく、両親のふわふわした包み込む愛を求めていたということです。しかし、彼は、自分のニーズ、つまり本当の思いを奥の方に押し込み、母親の期待に応えようと一生懸命に頑張っていました。

そして、甘いものを拒絶するということは、人に甘えてはいけない、甘えることができない思考が原因になっています。

食べ物を欲しない子は、愛を受け入れられず拒絶している子です。

この年には、もう一人受験をする予定で幼い頃から学んできた鈴奈という子がいました。この子は逆にほとんど食欲がありませんでした。この子は、最終的に受験をすることもやめました。そこに至るまで、保護者の方といろんな話をしました。

家では、高圧的に受験勉強を強いられ、うまくいかなかったら食事を与えられなかったこともあります。そうするとこの子は世の中から拒絶されたと感じ、無意識に食事を欲しなくなってしまいます。

この子に対し、僕は朝来た時から帰るまで、「あなたがいてくれてよかった」ということをたくさん話しました。そして、親の人生を生きるのではなく、自分が何をしたいのか、なぜしたいのかを一緒に一生懸命考えました。この子がどれだけ、たくさんの人に歓迎されているのか、愛されているのかを実感できるようにしたかったからです。

食べ過ぎる子も、食べることを欲しない子も、僕らが知らないところで苦しんでいます。

何に苦しんでいるのだろうか。それを知るきっかけの場所だと認識してみてください。給食時間には、その子の内面がたくさん見えます。食べ方からもわかりますし、好き嫌いからもわかります。


ちなみに、罰として食事を与えないことをする人がいます。これは子どもに絶対にやってはいけない行為です。脳が、自分は愛に値しないという認識をします。その価値観を子どもの頃に作ることはどれだけ怖いことかわかりますか?その後、この子がどんな未来を生きることになるのか、そんなことを食事のときには考えないといけません。

子どもを理解する⑤
給食を食べない子、食べ過ぎる子

給食指導からも子どもを理解できる。

子どもを
理解する⑥

忘れ物をする子

僕は、よく忘れ物をします。「なぜするの？」と言われてもよくわからないけど、忘れます。こんなとき、考えます。「僕は、忘れ物をすることで、どんな風に都合が良いのかな」と。僕は忘れることにメリットを感じているわけですから、そんなことを考えます。

物を忘れる思考は、忘れる物によって違います。BPMで忘れ物を考えると、それはとても面白いです。例えば、スマホを忘れてきたとします。その思考は、何かというと、誰かに連絡をとるのがわずらわしく感じているという思考です。

「人と連絡とりたくないな。わずらわしいな」という現在の思考が、「それならスマホを忘れたら良いね」という電気信号に変わります。そうして、僕がスマホを忘れるという結果になるわけです。

忘れることは叱られるし、本人も叱られたときには意識をするわけです。でも、忘れ物を続けてしまう。これはデメリットだらけです。

にもかかわらず、忘れ物を続けることはどんな風に都合が良いのかを考えてみます。次のページにある原因と結果の三角を見てください。

子どもが忘れるものが何かを考えますと、まずは、それをやりたくないという逃避が考えられます。勉強の場合、その学習に意欲的になれていないということが考えられます。

子どもが「やりたくないな」「いやだな」と考えたことが電気信号に変わり、忘れ物をするようになっています。

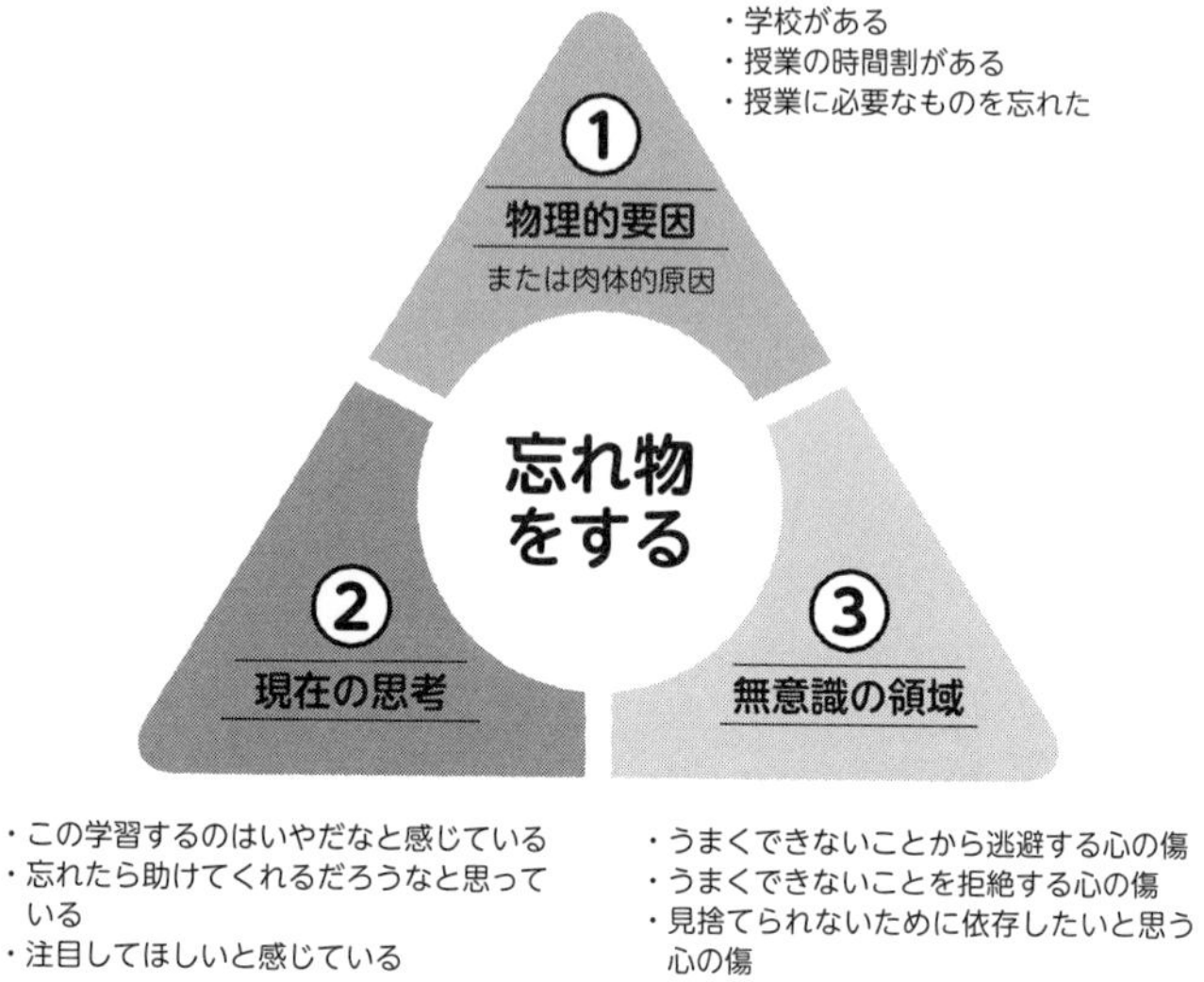
・学校がある
・授業の時間割がある
・授業に必要なものを忘れた
①
物理的要因
または肉体的原因
忘れ物をする
②
現在の思考
③
無意識の領域
・この学習するのはいやだなと感じている
・忘れたら助けてくれるだろうなと思っている
・注目してほしいと感じている
・うまくできないことから逃避する心の傷
・うまくできないことを拒絶する心の傷
・見捨てられないために依存したいと思う心の傷

忘れ物をしたことから、その学習、その単元がその子にとってどのように感じているのかがわかりますね。そこから、こちらが改善できることもあります。その子にとって、その学習が「快」になるには、どんな言葉がけが必要かを考えていきましょう。また、忘れ物をすることで注目してもらえると無意識にも思い、忘れ物をする子もいます。

図　忘れ物する子の三角

ここで考えないといけないのは、ここで叱ることを選択すると、脳は余計にこの時間を「いやなもの」という認識にしていくということです。だから、僕は忘れ物をしたことを叱ることはありません。それよりも、この時間がよりその子にとって、充実した、楽しいものになるのかを考えていきます。忘れ物をしているということは、その子が直接は教師には言えないけれど、「授業が楽しめてないから、先生どうにかしてほしい。助けて」という子どもからのメッセージにも聞こえてくるわけです。そういう風に子どもを見られる先生にとっては、「先生、忘れ物しました。」と子どもが言いに来たとき、きっと、とても温かい優しい顔をするのではないのかなと思います。

忘れた物を見て、それはダメなことだと叱ったり、忘れ物をしないように工夫したりするのは原因と結果の三角の「①物理的要因」にアプローチするだけになっています。そこだけでなく、「②現在の思考」を考えて、子どもに共感できる部分とアプローチする方法を考えると良いですね。

でも、「①物理的要因」だけで子どもが忘れ物をしなくなったのだとしたら、忘れ物をする理由が学習からの逃避ではなかったということがわかります。それで変わったのなら、教師に見捨てられたくないという理由だったことが考えられます。無意識にも、忘れ物をすることで教師からの注目を集めていたのが、教師がいろいろと考え、取り組んでくれる中で「先生は自分のことをすごく考えてくれるな」と感じ、忘れ物の原因と結果の三角が成立しなくなって、忘れ物をしなくなったのでしょう。そういうパターンもありますから、他の場面も見て、どうしてそうなるのかを考えていきましょう。

忘れ物をしたときは、その時間から逃避したいのか、忘れ物をすることで教師の注目を浴びたいのかのどちらかです。であれば、物理的な方法を考えるだけでなく、やはり、忘れ物の原因になっている三角の「②現在の思考」にアプローチすることを考えてみてください。

子どもを理解する⑥
忘れ物をする子

忘れ物は子どもが教師に直接言えないメッセージ。

子どもを
理解する⑦

嘘をつく子

子どもと過ごしていて、子どもは実にわかりやすい嘘をつくことがあります。大人から見れば、すぐに嘘だと見抜けることも意地になって、嘘だということを認めません。教師や親は検察官ではないので、証拠を挙げ、子どもが嘘をついていることを暴く必要はありません。また、本当は嘘をついているとわかっても、その子が認めないことを、「でも、あなたがやったでしょ?」と問い詰めることはリスクが大きいです。もちろん自分自身にとっても信頼を失うことにつながりますし、何より子どもが苦しむことになります。僕らは子どもの嘘をつくという苦しい行為から救ってあげる役割があるのではないでしょうか。

ですから、嘘をつくことはよくないことだと子どもを追い詰めていくことは、一見、正しいことであるように見えて、子どもを苦しめるだけになってはいないかを考える必要があります。

そもそもなぜ、子どもは嘘をつくのでしょうか。なぜ、あなたは嘘を子どもにつかれるのでしょうか。次のページに「嘘をつく」という原因と結果の三角があります。

嘘をつく子はそもそも「信じてもらえない」という思考があります。過去、自分が正直に話したときに理解してもらえなかった経験や、叱られた経験が子どもに嘘をつかせることにつながっています。

子どもが嘘をつくようになるのは、ありのままの自分を受け入れてもらった経験が乏しいからです。そうすると、大人が納得するような言い方に変えることから嘘や言い訳が始まります。親が納得さえすれば、自分は見捨てられないし、弾かれることもないし、守られるわけです。

こうして、大人から見捨てられないようにするために大人が喜ぶ、大人が求める言

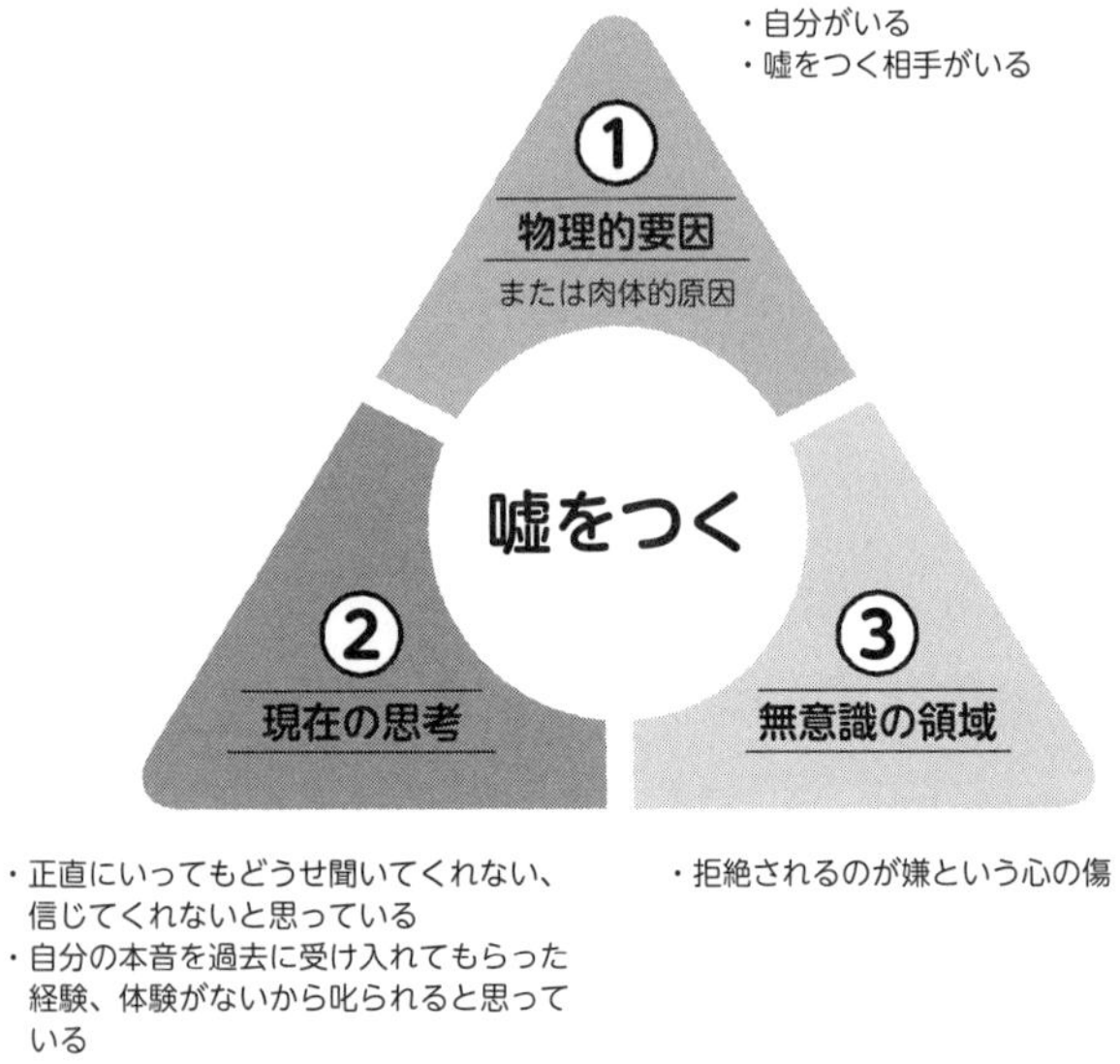
・自分がいる
・嘘をつく相手がいる
①
物理的要因
または肉体的原因
嘘をつく
②
現在の思考
③
無意識の領域
・正直にいってもどうせ聞いてくれない、信じてくれないと思っている
・自分の本音を過去に受け入れてもらった経験、体験がないから叱られると思っている
・拒絶されるのが嫌という心の傷

子どもが嘘をついたことを叱ると、子どもはより嘘をつくようになります。子どもが問題行動を起こしたら、「何か言い分はある？」とまずは聞いてあげましょう。そして、自分を表現できたことの素晴らしさを伝え、次同じ場面がきたら、どうすれば良いかを一緒に考えてあげると良いですね。そうすると嘘はなくなります。

図　嘘をつく子の三角

葉、つまり、嘘をついたり言い訳をしたりする子になります。大人に自分の認識を置いてもらえるようになるための、環境に対応するための防衛本能です。

では、どうしたら嘘をつかないようになっていくのでしょうか。

一つは、「言い訳」と「言い分」をしっかり区別して聞いてあげることです。言い訳は嘘に近いです。言い分は自己主張に近いです。自分はこういう感情になり、こんなことに困ったと訴えるのは言い分です。その言い分をしっかりと受け止めてあげ、理解するから大丈夫だよと声をかけてあげてください。そして、「僕には言い訳はしなくても、嘘をつかなくても大丈夫だからね。」と言ってあげましょう。ぼくはよく子どもに、「言い分があるでしょう。言ってごらん。」と言います。そうすると子どもなりに自分の考えを話します。

もう一つは無理に反省させたり、謝らせたりしないことです。

大人は子どもにすぐ反省させたり、謝らせたりします。すると、自分が思ってもいないのに謝るわけです。

この行為は誰のためのものなのでしょう。これは、子どものためでしょうか。「悪いことをしたら謝るのは常識だ！」という声が聞こえてきそうですが、その何も考えていない、形だけの「ごめんなさい」には百害あって一利なしです。いや、一利は子どもになくて、大人にありますが。

子どもが謝るという行為は、誰のためにあるのかと言ったら大人のためなのではないでしょうか。子どもが謝らないことに不安を感じていて、それを解消するために子どもに謝らせていることはないでしょうか。かくいう僕もそうでした。


しかし、こうして表面的に子どもが謝ることを習慣化していくと、反省もなく、考えもなく、本当の意味で利己的な考えで謝るという行動を子どもは取るようになります。やはりここでも言い分を聞いてあげ、言い訳の必要がないことを伝えてあげることです。そうして十分に共感してから、相手のことも一緒に考えれば良いのではないでしょうか。さらに、そこから今回の体験を活かして次はどうしたら良いのか一緒に考えることです。

人は自分のことをどうせ信じてもらえないと思うから嘘をつくのです。その行為はもちろん苦しいわけです。嘘をついて平気なのではなく、信じてもらえないという苦しさを抱えています。そんな子どもの良き理解者になってあげること、そこからの道を見せてあげること。それが重要なのではないでしょうか。

子どもを
理解する⑧

大人びていく子

子ども時代、僕は一生懸命、遊んでいました。未来への不安もなく、今日という日を安心して生きていました。僕らの時代には、スマホもパソコンもありませんでしたので、情報量も今より格段に少なく、友達と共通の話題で楽しむことがほとんどでした。同じスポーツ、同じアニメ、同じゲーム。みんな、同じ体験をしていたので、ラポール（信頼関係）が形成されやすい環境にありました。

しかし、今の時代は情報も文化も生活環境も多様になりました。大人も忙しくなり、夫婦共働きも当たり前の時代になっています。少子化が進み兄弟のいない子も多くいます。

そうした中で生きている子ども達は、ラポールが形成されにくい環境ばかりか、そもそも家族間でのコミュニケーションがほとんどない子もいます。その環境で育った子が、学校で違う体験・経験をしている級友と接するわけですから、それは僕らの時代よりも友達関係づくりが難しくなって当然です。

これまで担任をした子ども達の中には、音楽をイヤホンで聞きながら妹と二人で夕食を食べている子や、医者に行って診断を聞くときにイヤホンをしたままで、本人は医者からの説明を聞かないで親が聞いているという子もいました。最初聞いたとき、僕にとっては想像外の環境なので驚きましたが、だんだんとこうしたケースを聞いても驚かないくらい増えてきています。授業中の話し合いを成立させようとするには、子どものこうした背景の理解も必要ですね。

僕の講座で紹介していますが、僕は、子どもが肌を触れ合う体験、例えば、子どもレスリングや1対1での手を使ったボールの取り合い、複数の子で1人の子をマットの上でくすぐるなどを多く取り入れています。それはこうした活動から、子ども達が実際にどこまでするとと人は不快なのか、力いっぱい体を動かすとどう自分は感じるのかを体験する機会が必要だと感じているからです。

さて、こうした環境の中で過ごす子どもの中には、高学年になると目立って大人びていく子がいます。放課後に化粧をしたり、急に服装が変わるようになったりする子もいます。スマホを持ったり、上の学年の子や中学生と遊んだりする子もいます。

以前から、なぜそうなっていくのか不思議でしたが、今は、はっきりとわかりました。

154ページは、大人びる子の原因と結果の三角です。

ある年の5年生に加奈という女の子がいました。この子には八つ離れたお姉さんがいました。両親は共働きで、お母さんは朝から夜まで仕事で、二十時ごろの晩御飯以降しかお母さんと接することができませんでした。

学校での加奈は同じ学年の子が楽しそうにやっている遊びや会話には入って行かず、周りでその様子を見たり、一人で本を読んだりすることが多くありました。以前の僕なら、加奈に積極的に介入し、他の友達と加奈を繋げるようなことを一生懸命していました。僕の価値観では、一人でいることよりみんなでいる方が楽しいと思っているからでした。

しかし、原因と結果の三角からこの行動を見ると、「③無意識の領域」に「拒絶されたくない」「拒絶されるくらいなら、最初から輪に入らない」というものをもっていることがわかります。

そういうものを「③無意識」の領域にもっていると、他の集団に入ると、自分が無理してでも「拒絶」されないように一生懸命になります。

つまり、以前は僕の熱心さ故、こうして感じている子を苦しめて、僕のために無理して笑顔になるように子どもを動かしていたのです。今では、無理に周りとかかわることを勧めず、加奈の体や家庭環境からわかる情報をもとに話をしています。

表情や体に表れることはその人の履歴書のようなものなので、その子にとって触れて

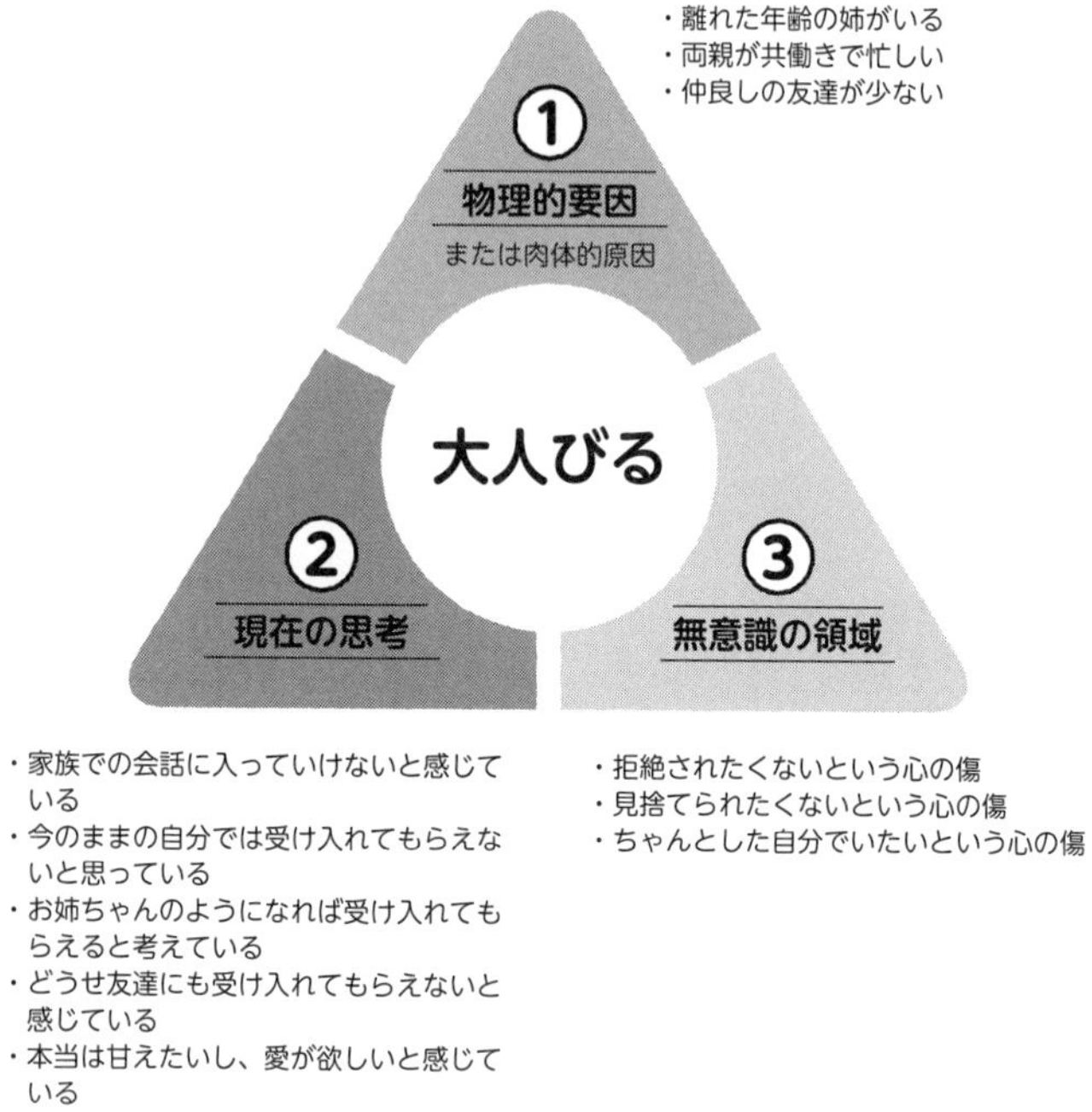
・離れた年齢の姉がいる
・両親が共働きで忙しい
・仲良しの友達が少ない
①
物理的要因
または肉体的原因
大人びる
②
現在の思考
③
無意識の領域
・家族での会話に入っていけないと感じている
・今のままの自分では受け入れてもらえないと思っている
・お姉ちゃんのようになれば受け入れてもらえると考えている
・どうせ友達にも受け入れてもらえないと感じている
・本当は甘えたいし、愛が欲しいと感じている
・拒絶されたくないという心の傷
・見捨てられたくないという心の傷
・ちゃんとした自分でいたいという心の傷

無意識にも「拒絶されたくない」という思いを持っていると最初から人に近付かないか、無理してでも人に認められよう、受け入れてもらおうとします。

ですから、その子が頑張っていない時に、ありのままのその子を受け入れる言動を多くしていくことが効果的だとわかります。

図　大人びていく子の三角

欲しくないことは何かがわかり、その子が叶えてほしいニーズがわかります。そのことで、子どもを理解するときに安心して関われるようになりました。

加奈は家の中で、家族から拒絶されたという思いをもっていたのです。「母親が姉と自分が入れない話題で楽しそうに話している。自分はそこに入っていけない」この体験が加奈に拒絶されたという経験を作り、拒絶されたくないという心の傷を作ります。

家庭で今のありのままの自分では拒絶されるので、加奈は背伸びを一生懸命します。これは無意識ですので、本人がやりたいと思っているのではなく、拒絶されたくないという思いでやってしまうのです。

加奈のそうした部分があるのが見えましたし、肌にもアトピーがありましたので、その原因と結果の三角から母親との愛情面に課題があるのもわかりました。

そのためそこからゆっくりと、ありのままの加奈を受け止める言動を増やしていきました。そうすると、加奈が、「こうして大人ぶるのしんどいねん。でも、家ではそうしないと話についていかれへんし」という思いを話してくれました。

僕は、家の中まで変えるほどの力は持っていません。ですから、加奈にはその後も、ゆっくりと、加奈が朝来たときに「おはよう。今日も加奈がいてくれると、クラスが良い空気だね。」などと声をかけ続けました。それを丁寧に続け、その子の中に、「ありのままの自分でも受け入れてくれる人がいるんだ。」という体験をさせてあげる。それが教師の大きな役割でもあると思います。

大人びている子は、そうしておかないと誰かに拒絶されるという思いをもっています。そういうことを知らずに、こちらが「大人びているから近寄りがたいな。接しにくいな」と拒絶するような態度をとってしまうと、とても傷つき、その関係では心を閉ざしてしまうのです。

でも、大人びている子が、ついついそのような行動をとってしまいたくなる気持ちもわかります。だからこそ、その子の言動の本質がわかるだけで、接するときの心持ちが変わりますね。

知るということ、学ぶということを僕たち大人が止めないことで、救われる子どもはたくさんいるのです。

対談

金大竜×坂口シオン

金大竜の授業を見て

金：初めて僕の教室に来て、率直にどんな風に感じましたか？

坂口：学校の違いというよりも学校の先生、そのクラスの担任の先生によってガラッと変わるんですね。金先生は教育界のスペシャリストだと僕は思っていたし、道徳の授業にしても、子どもたちのためにというベクトルを向けていたと思います。ただ正直、金先生のクラスをパッて見たときに、金先生自身が今このクラスを変えることに限界を感じているんだなって思いました。

金：へぇー。

坂口：つまり、クラスの子どもたちは十分に金先生の技術によって、変わっているけど、金先生はさらにこの子たちを変えたいってところで限界を感じてるんだなって。僕は単純に教室を見たいだけだったんですけど、見た瞬間「あ、これ金先生にヒントを与えた方が良いな」っていうのは思いました。

金：実際、僕自身も自分の願いや理想の子ども像に、目の前の子どもを近づけることは、能力的にはすごく伸びてきたなと思ってはいました。その一方で、自分の願い、理想の子ども像自体に正解不正解はなくて、結局子どものよさを潰してるんじゃないかなっていうところの迷いがありました。そのようなときに来てもらったので、たしかにめちゃくちゃその通りだなって思います。

今の学校のしんどさについて

金：学校のしんどさとか、どういうふうに感じていますか？今の教育の限界っていうのは、僕に感じたのと同様に、どのように感じましたか？

坂口：僕の中では、教師は職業の中でも一番偉大って言って良いと思います。幼い子を預かって何かを教える。その子たちはその先生の話を聞いて育っていきます。ただそこには、子どもにもニーズがあって、親も「こういう子になってほしい」っていうニーズがあります。先生自身も「こうやって教えたい」「こうやって解決したい」っていうニーズがあります。今、現状の公教育はそのニーズをどれも叶えられてないと思います。もちろん小さいことで叶えられているかもしれません。しかし、幸せな教員生活、子どもの能力開花、親がその子を見て自慢の子と言えるという状態を、上手くみんながみんなつくれているかって言われたらそうじゃない。

金：僕が例えば日常生活を送り、そして教員であり、人生の中で悩み、病気になり、人とも喧嘩が起きるなど、負の面がいっぱいあるじゃないですか。ということは、僕をもし子どもが全部トレースしてその通りにしたら、同じように壁にぶつかる。僕を超える人とか、僕を踏み台にどんどん次の子どもたちがならなきゃいけない。要は、子どものニーズ（子どもの求めるもの）とかっていうのが、結局わからないまま、子どもが何に苦しんでいるのかも経験とか表面上、子どもが見せるものでしかわからない。

子どもとの対話

金：坂口先生が子どもを見るときに、一体何を見ているのですか？パッと教室に入ってきたあの日も何を意識していましたか？僕たち大人は結局子どものことがわかっているふりして偉そうに自分の思いを話していることがあります。

坂口：僕が一番子どもと接するときに意識するのは、自分自身です。結局自分の価値観とかエゴっていうのは絶対入っちゃいけない。それが子どもとの対話ってものなのです。例えば今、金先生が話されたように、金先生のコントロールとか価値観っていうものを前提に子どもと対話すると、子どものニーズっていうものが探しづらい。ニーズを叶えるのも親とか先生の役目じゃないですか。その子がどうなりたいかっていう先のビジョンのプロセスを叶える手伝いやサポートをする。親と先生っていう人がそこに自分の価値観を入れこんじゃうと、本当の子どものニーズって、隠れませんか？金先生は「こうやって教えたい」っていうものがある。でも、その子には「こうやって受け取りたい」「こうなりたい」があるんですよ。自分っていう自我がある以上、勝るのは、親の価値観、大人の価値観とかじゃないですか？僕が対話するときに、その子のニーズだけ、その子っていう一人の存在だけを見ている。もうその子の世界に入りこんでいる。この子は何を訴えているんだろうかって。その子を見るときに、僕がそこで自分の価値観をもって見たら、そんなのわからないですよ。絶対わからない。

教師の価値観

金：僕たち教員の価値観を何で入れこみたくなるかっていう、僕なりの分析があります。平たく言うと、学級崩壊が怖い。その不安が先に立つから。親だって、子どものコントロールが効かなくなる日が怖い。その不安が先に立つから、自分のコントロールできる範囲の中で、そっちの方向に引っ張ろうって。要は不安が大きいと思うのですよ。教員が感じているこの不安みたいなところを、まずは教員自身がもうちょっと自覚的になれたらと思います。今の価値観を消すとかもそうです。こう…何て言うかな。教師自身も良い先生でいたい、良い大人でいたいから、ここでコントロールとか、そういったものが生まれるのであろうなぁって思って。要は教員自身が、自分自身を受け止めてもらえなかった過去の経験とか、そういうものから出てくる不安とかが強すぎて、そもそも子どもにも、ありのままの自分でいったら受け入れてもらえないよねって思っている。教員的には子どもを受け止めるのが仕事と思っているけど、内面では子どもに受け止めてもらいたいと思ってる人が結構多いと思うんですよ。でも教員自身はありのままの自分を受け止めてもらった経験が少ないがゆえに、なんとか良い先生として自分を演じて、なんとか子どもを自分の枠内に引っ張ってきて「認めてよ、認めてよ」ってやっているのではないでしょうか。要は、価値観を消すっていうこと自体が、坂口先生がさらっと言ったけど、僕ら教員にとってはものすごく難しいのではないかなと。だって教員って学校文化に基本適応してきた人たちだから。基本的に良い子でなきゃいけないとか、良い人であらなきゃいけないっていう思いの人が多いと思うし、その人たちが、実際今も苦しんでいると思う。そういう人が逆にありのままの子どもを受け止めて、価値観を消して見て、その子から子どもの育て方を教えてもらうみたいなものになるには、実際どうしたら良いんですか?

坂口：大人にも子どもも時代があって、そのときに不安や裏切られたっていうものがあって、承認欲求がものすごくあったりとかして、大人も子どももそこのプロセスは一緒だと思うのです。まず学校の先生っていう職があったときに、「何でなったの」っていうことを忘れていると思う。そこで自分が子どもに受け入れられるか不安だって思っている。でもあなたはそういう子どもたちを変えたいのでしょって。あなたは子どもたちに不安とかを感じたまま大人になってほしくない。勉強もだけど、人生を生きていく術も教えていきたいのではないのって。勉強だけ教える教員はつまらないって思わないのかな。でもそっちが本命でしょって。

金：勉強よりね。

坂口：そうそう。それをやるうえで、自分が偽っていたら達成できないって思うんですよ。達成したいのか、偽って良い姿でいたいのかっていうのを天秤にかけたときに、どっちが勝つのっていう話ですよね。原点の自分がこうなりたいっていうのを忘れているからこそ、消せない。天秤にかけたときにそれを達成するっていうところを、ただただそれを求める、何かをするっていうのをもっておけば、勝手に自分の価値観を消せる。

金：教師になったときの純粋な思いっていうのは、多くの教員はあると思うんですよね。だけど実際子どもの前にパンッて立つと、また不安がポンッと出てくる。ここの要因が僕はわからなくて、ずっと苦しんでたんですよ。もちろん今、自分が無意識のところにも、いろいろな不安を感じやすく、例えば僕の場合、不信になってコントロールが出てくるとかっていうのはわかる。でも多くの人はそれがわからないまま、変われないい自分にまたバツをつけて、めちゃくちゃ苦しんでいると思うんですよね。それ自身も実は、そもそも学校がつくってるんじゃないかなと。そんな僕も学校教育を受けてきて、その学校教育がそれをつくってるんじゃないかなと思っているので。

坂口：やっぱり学校の先生にも承認欲求があるし、こうやって見せたいっていうのを子どもに求めるとしたときに、ストレートに、「先生のことどう思う？」って聞けないのかな。そこに恐れが出る？

金：立ち直れない人もいると思う。ここは僕が一番まず教員が越えなきゃいけないところだと思う。承認欲求ってあるじゃないですか。良い先生に思われたいとか。みんなそのドロドロした部分っていうか、本当の思いがある。だけどそれを出していけば良いんじゃないかなって。良い先生に思われるには、それを出しちゃいけないって思っているんですよ。だけど僕は、そういうある意味、自分のために子どもを教育しているし、自分がすごい先生と思われるために、子どもを使って表現しているし、そんな形で僕もすごいって思われたいっていう、ちょっとその汚い部分って言ったら言葉に語弊があるかもしれないけど、そこの部分を一回受け入れないまでも、受け止めてみたら、子どもの変われなさも受け止められると思うんですよ。結局は教員自身があんまり自分のドロドロした部分を見ないようにして、受け入れないし受け止めないし、無視するので、平気で子どもに「なんで変わらんのや！あかんやろ！」みたいなことを言ってしまう。でも本来の自分は変わりもしないところに今の教育の本当のおかしさというか、さっき坂口先生の言った、価値観を消して子どもを見れないっていうところがあると思っているんですよね。

最近の子どもたちについて

坂口：最近、僕も若い子とか小学生と接してて「悲惨だな」って思うのは、小学生なのに対人関係で悩んでたり、接し方がわからないっていう相談をしてくることです。対人関係の悩みとか中高生くらいじゃないですか、出てきても。小学校のときは純粋にいろいろなことを受け入れて楽しむだけっていう時期がふさわしいのに。「〇〇君との関わりが…」とか「先生とのコミュニケーションが…」って思ってくるって、僕はこれ正直あぶないって思うんですね。純粋にその状況とかを受け入れれば良いのに。やっぱり偽りとか対人関係をどう運んでいくかっていうので悩むのって誰をまねてるかって、大人なんですよ。悩むことだって、悩むっていうチップだって大人が教えるからね。

金：そこをもう少し具体的に。

坂口：最初生まれて産声をあげたときに急に「うーん」って悩みだす赤ちゃんはいない。でも、5歳とかで頭抱えて悩むとかはよっぽどいじめられてるとかだったら別かもしれないけど、基本的にはないわけでしょ。僕の概念にはなってしまうのですけど、小学生っていうところも多少ある。「〇〇ちゃんが輪に入れない」

とか。でも深く苦しく悩むことってないと思うんですよ。その時期は。そこはもう純粋に楽しんで、上位者からの愛をもらって、学びを受けてっていう時期だと思うのです。そういうはずなんだけど、そこで悩むべきとか、対人関係で悩むべきとか、大人が悩んでたりするでしょ。学校の先生はその瞬間、悩んでるっていう姿は見せないけど、子どもはそれをわかるから、その姿を見たときに「ああ、大人の人たちも悩むんだ」って子どもは素直に思うんだよね。「自分も悩んで良いんだ」って思う。悩むっていう機能を覚える。悩むことが決して悪いとは言ってない。ただ、その時期は悩むっていうよりは、純粋に物事を受け入れて、悩む前にわからなかったら大人に頼ろうねっていう時期なんですよ。で、何が起きるかって、その時期から自分で頑張って自力で処理しようとする。子どもがね。それは大変ですよ。無理だもん。そういう機能がないでしょ、まだ。

金：それは日常授業をやっててもすごく思っていて、僕は教員になって18年なんですけど、なった頃ってちょっとアドバイスしたことって結構子どもは素直に「あ、はい！」って言ってたんですよ。だけど、年々ちょっとアドバイスしたことも指摘されたと思って傷ついて、聞かないようにしてしまったりとか。子どもが素直にそのまま大人の話を受け入れろとは思わないけど、一回受け止めて実践するみたいなところがすごくなくなってるなって。親が悩むと自分も悩んで良いっていうのは、僕がもってる問題意識とすごい合致しています。今、発信されるニュースもこれから先日本はもう危ないよ、あまりにも不透明だよっていうような中で、親がどう子育てをしたら良いかわかんない。その悩んでる姿を見て、子どもがめっちゃ悩んでるっていうのは、まああたしかに言われてみたらそうですね。子どもの心理的には、唯一信じられる、ついていける、安心して依存できる親がふらふらしてたら、まあそりゃ不安定になりますね。

坂口：いや、でも子どもはもっと根底で、悩むことが正解なんだってなるの。子どもの視点はふらふらしてないんですよ。悩んでる姿を見て「お母さん悩んでる。すごいなぁ」ってなる。これなのよ。だって初めての学びがそれだからね。悩み方でも、マイナスをプラスにする悩み方なら良い。でも基本的に大人がもつ悩みってマイナスで、「これどうやって変えようかな」みたいな、もうマイナスのまま見てるでしょ。それを見て子どもは「これが悩むなんだ」って学ぶ。べつに自分の親とか上位者がふらふらしてるっていう意識すらないの。そのまま大人になるの、それが正解だと思って。

金：それはだいぶ問題ですよね。

坂口：大人になって、外部から「何悩んでるんだよ」とか「そこで悩むのはおかしいだろ」って言われても、本人にはそれを理解できる機能がない。

熱意のある教師・親

金：親はよかれと思って悩んでるじゃないですか。子育てに。だから熱意のある先生、熱意のある親ほど悩むんですよ。熱意のある親のもとに生まれたがゆえに悩むことが正解なんだって思ってしまう。それは僕の過去、教員人生でも、そうやって僕の価値観に引っ張ってしまったがゆえに子どもの未来にいっぱい時限爆弾を設置したと思ってるんですよ。よかれと思ったことが結果、時限爆弾を設置しちゃったみたいな。たぶん僕の知らない、僕の手を離れた今、爆発しててもおかしくないと。これまでの僕は、猫背になってる子がいれば、「背筋張れ」みたいなことを言っていた。もうちょっとましなことを言うなら体と心はつながってると。体と心がつながってるから猫背になると。そういうことを言ってきたんですよ。だけど、どの心かは説明しなかった。例えばBPMだったら、自分の内面のナイーブなところを隠すように猫背にして、自分がいかに守られてないかっていうのをその子が思考としてもっているっていうのがわかるじゃないですか。その子は自分が守られてないって感じている。この教室でも、今生きてることの世界の中で「守られてない」っていうサインが猫背だったなんて。

坂口：逆に高圧的にいったら、よけい猫背になる。

金：知らないっていうことはそれくらい怖いことじゃないですか。だから僕は熱意のある先生、熱意のある親が、結果子どもに時限爆弾を設置しちゃって、そのまま知らずに時間が過ぎて、結果子どもが未来苦しむってことをできれば本当になくしたい。

いじめについて

金：例えば高学年だったらピチッてグループでくっついて他の子と遊ばない子っているじゃないですか。特に女の子とか。そういう子ども達を教師って意外と、離したがるんですよ。例えばグループ活動をするときに、その子らがシュッて一緒になるじゃないですか。「君らいつも一緒やな、離れろ」みたいな、そういう場面あるじゃないですか。だけどこれが逆効果ってことはたぶんどことなしに教員はわかってるけど、一緒にいることが同時に不安でもあると思うんですよ。この子どもたちがスタートでクラスが荒れるんじゃないかっていう。

坂口：いじめとかね。

金：そうそう。だから無理にでも離しちゃう。だけどこういうのも、今までは僕もどうしたら良いのかなってわかんなかったんですけど、坂口先生はどう見ますか。

坂口：まず何でそこが組んだのかから始まる。何でそこが組んだのかっていうのを聞いてても良いし、自分の中でも考えて、組む価値っていうのを教えたい。その瞬間、学級崩壊とかが、このペアが発端で起こるんじゃないかって思うなら、あとはプラスに出るかマイナスに出るかでしょ。だったら、マイナスに出る選択肢を警戒したやり方が「離す」なんです。そうじゃなくて、ほぼ99.9%でプラスになるやり方を教えてあげたら良いじゃないですか。そうであれば、僕だったら、「あなたはこの子の何が好きなの？」って聞いて、「良いね。そこ尊重し合えるの素敵だね」って。「じゃあさ、試しにさ、あの子は何が素敵だと思う？」「あの子も良いよね」ってちょっと周りを巻き込んでみながら、「じゃあ今度二人でこういうことやってみたら？」って、二人で何か企画させる。そしたらその子たちは何かをいじめるとか、何かに対して責めるっていうところにバイタリティーは向かず、プラスの何かをつくり出す。二人で、その固い絆でつくり出すっていう方向にバイタリティーが向くから、マイナスなんかしてる暇ないんですよ。そういう誘導をしてあげる。

金：いやもうまさになんかこう…今のって結局、前者のマイナスを止めにいく（離す）っていうのは、思考しない子どもを育てるじゃないですか。「そういうもんやん」みたいな。今、坂口先生が説明したように、そこに一緒に乗っかってあげて、こんな風に考えたら、よりあなたたちはこの教室の中でプラスになれるよ、っていうその視点が何で教員や親には生まれないのかな。

坂口：僕が思ったのは、生涯で暴れ馬に（生徒とか我が子とかで暴れるといった問題行動を起こす子どもに）何をするかということです。例えば町に猛獣が出たら射殺する。言わば止めるとかやめさせるっていう…。射殺っていう表現だけど、それはしてる側の価値観でしょ。僕が思うのは、「暴れ馬に乗ってやろう」という機能を大人も習ったことがない。何かあったら避けなさいっていうのだけ。でも何か起きたらそれに乗っかるっていうのが、子どもたちにも必要なんだよね。そしたらいじめ問題とかそもそもなくなると思う。A君が腹立つ。それで、いじめるしかないっていうのが子どもの大人から教わったツールなんですよ。でも、A君が腹立つけど、それに乗っかってみて、こいつの取柄って何だろうみたいな。腹立つけど何か良いとこあるかもしれないってちょっと逆間違い探しをするように先生が誘導する。そしたらもういじめない。良いとこあるやんって。腹立たないやんみたいな。僕になくてこの子にあるって。それじゃあ、君はA君のそこを使えば良い。教室で騒いでる子の場合も、その子を逆に利用して学びにつなげる。「あそこでA君がワーって騒いでるけど、みんな素敵じゃない？ああやって自分を出せるっていうのは。」というように。そうすると何が起きるか。自分を出せてない子が「それは素敵なんだ」って認識に変わる。または「先生さっき暴れてるA君が素敵って言ってましたけど、私はうるさいと思います」と言う子も現れます。その時点でその「うるさいと思います」って言ってきた子の思考がわかる。特性がわかる。「あ、この子は結構真面目で、ああやってワーワーするのが苦手な子なんだ」って。だったら、そういうワーワーしてる子の魅力を教えてあげればいい。教室で暴れ回ってる子に「やめろ！」っていうのじゃ、何もつながらない。何も学びがない。むしろちょっと怒られてその子が不機嫌になって教室の雰囲気が悪くなるだけ。これではマイナス。でも、「おぉ騒いでるね」「良いね、素敵だね」って言ってあげると、そこに疑問をもつ子も出てくる。「何で素敵？」「先生怒らんの？」みたいな。それで逆にこっちからも聞いてみる。「あの子がああやって暴れてるの見て、みんなどう思う？うるさいと思う？それともめっちゃ楽しんでるなって思う？」みたいな。そこで思考の話などをする。その子を利用して、暴れ馬に乗っかって、子どもたちに学びを与える。もちろん暴れて誰かに害を及ぼしたら、修正してあげないといけない。でも修正のしかたも、「暴れるくらいいワーワーとバイタリティー出せて良いよね」って。試しにもっとかっこいい出し方をしてみることから提供してあげる。というので、「じゃあさ、誰よりも暴れながら手を挙げて何か発表してみようや」みたいな。「先生先生先生！」みたいにめっちゃ手を振って、「もうお前そんだけ暴れられたらあててあげるよ」って。「べつに難しいところを発表しなくても良いから何でも言ってみろ。おなかすいたとかも言って良いから。」って。そうするとね、最初のうちは「先生！トイレ行きたいです！」みたいにふざけるかもしれない。それもちゃんと尊重してあげると何ができるかって、発信力が蓄えられる。その子は暴れるっていうところからつながって最終的に発信できる子になるんですよ。バイタリティーがあるってことだから。そのバイタリティーを暴れる方向じゃなくて、何かを出す、良い出し方をする方向に修正してあげる。時間をかけてね。だから、それがもう暴れ馬に乗っかって今のたった一人の騒ぎでいろんな子が救われるわけです。いろんな子を知れる。言わば、全然人と話さない子っていうのも暴れ馬だから。騒ぐ子と反対に。そういう子にも乗っかってみる。

金：さっきの親が悩む姿を見て、当たり前のように自分の基準として自分も悩むのが普通っていうのと一緒で、実はもう教員の暴れ馬を退治する姿を見て、子どもは暴れ馬は退治して良いんだっていうのをまさに学んでく。

坂口：それがいじめだよね。

金：このことに気付かないと本当に怖いなって。じゃあ根底に何で暴れ馬を排除するのかっていうと、やっぱり僕らは不安があったから。その根幹は教師自身が愛されたり歓迎されたりした体験や経験があまりにも少ない。乗っかってもらった経験がそもそもないんじゃないかなって思う。

坂口：乗っかるっていうやり方もわからないし、自分が乗っかられたっていうこともないと思う。排除されたらもうそれで排除の機能が備わるから。

金：これね、本当によくあるのが、例えばよく若い先生から相談を受けることで、クラスの子で休み時間とか授業中も暴れることがあり、相手側の親からクレームを受けるときもあると。それで「どうしたの？」って聞いたら、その場面になったら止めて、「それだめだよ」って言うそうです。そうしているうちに、だんだん言うことを聞かなくなっていくと。だけどそんなことなんて、暴れてる子どもの中に一緒に自分が入っちゃって、その子と一緒に戦いごっこに参加して、大げさに切られて倒れてあげたりとか、大げさに楽しむとか、そういうところからだけでも全然子どもって「自分の世界に先生が理解してくれて、乗っかってくれた」となります。ありのままを受け入れてもらえたら、たぶん初めて自分が裏に向けていた心のコップ（いろんな言葉を絶対入れないようにしていた子どもの状態）が、初めて上にポカーンってあいてその先生の言葉が入り出す。僕自身も教員をして最初の15年は本当にそういうところで毎日怖かったので、教員側の気持ちはものすごい理解できます。今も僕は正直全部に乗っかっているかというと、まだまだやっぱり怖さがあって、不安があって、手放せない。結局、僕の無意識のところに心の傷があって、「僕だけが悪いわけじゃないやん」みたいな。今まではベクトルを全部自分に向けてバツをつけてきたけど…

坂口：自分だけでどうにかできるものじゃない。

金：だからそれだけに学問に頼りたいし、人に頼りたいって以前より思うようになった。健全に頼る。限界を認めてちゃんと頼る。そこをぜひ教員のみんなにも、子育て中のお父さんお母さんにも感じてもらいたいなって思います。

親・教員の偉大さ

金：今の教員とか子育て中のお父さんお母さんは心の傷も正直ガチガチにあるじゃないですか。そういう中で、子どもと関わっていくときに、これを大事にしてほしいなっていうのはありますか？

坂口：僕がいつも言うのは、子どもに対してとかではありません。僕が人類で一番偉大な役目って親だと思うんですね。次に偉大なのが教員だと思うんですよ。例えば、最初の「1＋1」の学びをくれた人が「3」って言って、そこから3年間、「1＋1＝2」っていう存在を知らないまま育ったら、その子は4年目で外部から「1＋1＝2だよ」って言われても、たぶん受け入れない。3年間「3」って言われ続けたから。でも「周りが2って言ってるのに、俺だけ3って言ってる。何でだ」って悩むでしょ。それほど、大人とか親、教員が子どもに与える影響力って絶大なわけです。育てるうえで大人次第って言ってしまえば大人次第。でも親は子どもが自分のもとに生まれてきてくれて、自分はその子を育てる権利を与えられて、親になれるのはすごいことです。例えば4歳の子どもがいる人は、4年間その子の命を守ったんですよ。これはすごいことです。平然と子育てをする。今の親は。だけどそんな平然とやっちゃいけないでしょって思う。僕はぜひ親御さんには、どれだけ自分がすごいことをしてるかっていうのを毎日のように認識してほしいです。教員って学校にいる時間も長いし、1対30とか1対40で、子どもたちの能力とか子どもたちの内面的なもの、思考的なものを扱うスペシャリストとして立ってるっていう偉大さ。そこに立てている自分がどれだけすごいかをぜひ認めてほしい。自分が自分を認めないと、自分の能力とか子どもたちを変えたいっていうのは無理です。どれほど偉大かは、プレッシャーとかでも何でもない。ただ偉大なところにいるんだよ、素敵なんだよっていう認識を、親、教員ともに毎日もっておいた方が良い。それを子どもは感じてくれます。それだけすごいことをしてるから。命をつくってるから。なので、そういう意味ではぜひそこを認めるということを僕は一番大事にしてほしい。結局大人ですす。そこをしないと子どもにどんなに良いことを言っても、子どもはわかる。

金：そうですね。どんな言葉を紡いでも、どんな方法をやっても、そこがこんがらがってしまう。

金：僕は今回対談を入れたかったのは、18歳であろうと、本当に自分が愛されてるっていう認識のもとで、思考を常に起こす環境に育ったら、坂口シオン先生のようにここまですごくなるんだってことをまず知ってほしかった。18歳の子との対談で何を学ぶんだっていう。みんなの日常のその当たり前…みたいな偏見すらも、常に疑って思考を起こしてほしい。この部分を認識できなかったら、教師や親が子どもから子育てを学ぶみたいなところは一生わかんないんじゃないかなと思っています。だからそういう意味で坂口シオン先生と対談させていただきました。

おわりに

ＢＰＭという学問と出会い、僕の教育活動は豊かになりました。

この19年の教員生活をする中で、僕はなんども学級崩壊をした後の教室を担任してきました。ですから、子どもと接する中で苦しい思いをすることがたくさんありました。ということは、それ以上に僕の教室で苦しんでいる子がたくさんいたということです。

僕は、自分も子どもも、今よりさらに良くなる方法を常に探しています。それが、他の人が頼らない世界のものでも、迷わず取り入れてきました。やる前から事実なのか？と考えるよりまずは使ってみよう！と考えてきました。僕は自分に自信がないです。現に自分の考え方ややり方で子どもを苦しめたことがたくさんあるし、自分の世界観では理解できない人がたくさんいました。そして、自分自身も体が病気になり苦しみました。そんなときに出会ったBPM。そこには、なぜ子供が苦しみ、僕が苦しむのかの答えがありました。これまで見えなかった新しい世界がそこにはありました。この学びをしたときに、いつか多くの人に発信したいと思いました。そしてこのBPMメソッドをベースに教育を行う学校を作りたいと。3年間、まずは学び、教室で、私生活で実践しました。その中で子ども達にも、自分にも大きな変化がありました。そして、今回、このように発信できるようになりました。僕の変化に気付き、出版のチャンスを与えてくださった東洋館出版社の北山俊臣さんに感謝しています。

そしてこのBPMを考案し、世界に紹介し、学問として教えてくださり、僕の教育活動の道に花を咲かしてくださっている松田サリー先生に感謝しています。先生との出会い、BPMとの出会いが僕の人生を大きく変えてくれました。そして、これから出会う子ども達にも大きなプレゼントを贈ることができます。これから先も学び続け、子ども達の未来にレッドカーペットを敷いていきます。

※なお BPM IPM の権利者は一般社団法人JANIC BPMのCEO松田サリーである

金大竜（キム・テリョン）

1980年生まれ。大阪市小学校教員。教育サークル「教育会」代表。各地のセミナーで講師を務めるほか、教師向けの雑誌等での連載など、意欲的に教育についての考え方や実践方法などを広くつたえ続けている。
ブログ「日本一ハッピーな学校をつくろう」において、日々のクラスでのできごとや実践を発信中。

子どもたちをどう理解するか。
～教師も楽になる新しい見方～

2020（令和2）年4月24日　初版第1刷発行
2020（令和2）年8月7日　初版第3刷発行

著　者：金　大竜
発行者：錦織　圭之介
発行所：株式会社東洋館出版社
〒113-0021　東京都文京区本駒込5丁目16番7号
営業部　電話03-3823-9206　FAX03-3823-9208
編集部　電話03-3823-9207　FAX03-3823-9209
振　替　00180-7-96823
URL　http://www.toyokan.co.jp
装　丁：水戸部功＋北村陽香
本文デザイン：藤原印刷株式会社
イラスト：こすげちえみ
印刷・製本：藤原印刷株式会社

ISBN978-4-491-04051-6
Printed in Japan